なんとなく言語学

この本を読めば、
あなたもちょっとした
言語学者になれる

本田謙介 原案・著
田中江扶・畠山雄二 著
はやのん イラスト

くろしお出版

まえがき

ショッピングセンターに行ったら、入り口に「大型犬用カート」と書かれたショッピングカートがありました。「大型犬用カート」の「犬」ってどう読むんだろう。「いぬ」だろうか、それとも「けん」だろうか。そう考え始めた瞬間、あなたは言語学の世界に一歩足を踏み入れています。

妻は、昔は「スープ、温めたから飲んでね」と言ってくれました。でも、最近は「スープ、温めてから飲んでね」と言うようになりました。「た」が「て」に替わっただけなのですが、なんとなく妻の気持ちも変わったような気がしています。そう思ったあなたも、知らないうちに言語学の世界に入り込んでいます。

こんなふうに、なんとなく言語学の世界に入ってしまったあなたに《ことばの仕組みが見える眼鏡》を差し上げるのがこの本のねらいです。その眼鏡さえあれば、今まで見えなかった美しくて、ちょっぴり不思議なことばの世界が見えるようになるはずです。

その眼鏡は、親も学校の先生も持っていません。言語学を研究している学者だけが持っているのです。でも、そんな素敵な眼鏡を言語学者だけが持っているなんて、ずるいと思いませんか？　だって、ことばは言語学者だけのものではなく、私たちみんなのものだから。だから、言語学者からそっとその眼鏡を借りて、私たちの周りにあることばを眺めてみることにしましょう。

その眼鏡をかけて「キャベツの入ったコロッケパン」を見ると、二種類のパンが見えてきます。どうして二種類見えるのか、本書を読むとその謎が解けます。「大きいエビフライ」で「大きい」のは何でしょう？　眼鏡越しに見てみると「エビ」と「エビフライ」が交互に浮かび上がってきます。「公園にジャイアンたちがいたよ」とドラえもんが言って、のび太が「ジャイアンは何人いたの？」などと質問することはありません。だって、ジャイアンは一人しかいないのだから。でも、「ジャイアン〈たち〉」って言っている。じゃあ、この〈たち〉って何？　この謎も本書を読めば解決します。

多くの謎を解くカギは、理論言語学にあります。理論言語学では、ことばを科学的に分析していきます。「ことばを科学的に分析する」とは、簡単にいうと、まず、ことばをよく《観察》して、つぎに、「このような構造をしているのではないか」という《仮説》をたてて、最後に、その仮説が本当に正しいのかどうかを多くの例文を使って《確認》していく作業のことをいいます。

忙しい毎日の生活の中で普段ことばを観察するなんてことはあまりありませんよね。でも、あることばがどういうわけか気になり、少しの間そのことばについて考えたことなら誰にでもあるはずです。実は、その瞬間にはもう、ことばの科学的分析のスタートラインに立っているのです。

ことばの科学的分析には、実験室も高価な機械もまったく必要ありません。必要なのは、あなたのことばへの好奇心とことばを慈しむこころだけです。本書では35のお話と11の小噺をご用意しました。ようこそ! ことばのワンダーランドへ。

本田謙介・田中江扶・畠山雄二

目次

小噺の目次

なんとなく言語学

1 「犬」をどう読むか

近所のホームセンターに行ったら、出入り口にたくさんのカートが置かれていました。そのカートには「大型犬用カート」と書かれてありました。このカートに書かれている「犬」ですが、みなさんはどう読みますか。実は、「犬」をどう読むかによって、このカートにのせてよい犬のサイズが変わるのです。

「大型犬（けん）用カート」のように「犬」を「けん」と読めば、大型犬（つまり、大きな犬）をのせるための専用カートという意味になります。しかし、「大型犬（いぬ）用カート」のように「犬」を「いぬ」と読めば、カートにのせる犬のサイズに指定はありません。つまり、どんなサイズの犬でものせることができる大きなカートという意味になります。

では、どうして、「犬」の読み方によってカートにのせる犬のサイズが変わってしまうのでしょうか。みなさんはわかりますか。

「大型犬用カート」を実際に声に出して読むことで、何かヒントがつかめるかもしれません。まずは「犬」を「けん」と読んでみましょう。

(1)　**オオガタケンヨウカート**

少し長いことばですので、どこかにポーズ（休止）を入れてみてください。

(2)　**オオガタケンヨウ　カート**

そうですね。オオガタケンヨウとカートの間にポーズが入りますよね。では今度は、「犬」を「いぬ」と読んでみましょう。

(3)　**オオガタイヌヨウカート**

これもどこかにポーズを入れてみてください。

(4)　オオガタ　イヌヨウカート

そうですね。オオガタとイヌヨウカートの間にポーズが入りますね。「犬」を「けん」と読んだ場合と「いぬ」と読んだ場合では、「大型犬用カート」でポーズを置く位置が異なるのです。

では、どうして、「犬」の読み方によってポーズを置く位置が異なるのでしょうか。それは、ことばの《かたまり》が違ってくるからです。ポーズはかたまりの切れ目に入ります。「犬」を「けん」と読む場合、オオガタケンヨウとカートの間にポーズが入りましたね。

(5)　オオガタケンヨウ　カート

これはオオガタケンヨウとカートのそれぞれが異なる《かたまり》であることを示しているのです。オオガタケンヨウは大きな犬のことを表しますから、オオガタケンヨウは「大きな犬専用」という意味になります。このことから、「大型犬（けん）用カート」とは、「大きな犬専用」の「カート」という意味になります。大きな犬専用ということなので、犬は大きくなければなりません。

つぎに、「犬」を「いぬ」と読む場合、オオガタとイヌヨウカートの間にポーズが入りましたね。

(6) オオガタ　イヌヨウカート

これはオオガタとイヌヨウカートのそれぞれが異なる《かたまり》であることを示しています。このことから、「大型犬（いぬ）用カート」とは、「大型」の「犬用カート」という意味になります。つまり、大型なのはカートであって、犬は別に大きくても大きくなくてもかまわないということになります。

「犬」という漢字は「けん」とも「いぬ」とも読むことができます。しかし、「犬」の読み方の違い一つで犬のサイズが決まってしまう場合があるのです。漢字の読み方には気をつけなければいけませんね。

2 売れない

最近はさまざまなフリマアプリ（＝ネット上のフリーマーケット）がありますね。何が売れて、何が売れないのかは正直よくわかりません。この「売れない」ということばですが、(1)や(2)のような文で使われます。

(1) この大切な本は売れない。
(2) こんなつまらない本は売れない。

(1)と(2)の文で使われている「売れない」ということばですが、(1)と(2)では意味が違います。(1)は「この大切な本はどうしても売りたくない」というような意味なのに対して、(2)は「こんなつまらない本は誰も買わないだろう」というような意味です。このように(1)と(2)の文では「売れない」の意味が異なっています。これはどうしてでしょうか。

その質問にお答えする前に、(1)と(2)の文でほかに違いがないかよく見てみましょう。た

この大切な本は…
この大切な本を…
売れない
DAIJI
こんなつまらない本は…
こんなつまらない本を…
売れない
TSUMA RANAI

とえば、(1)と(2)の「本は」の「は」を「を」に替えるとどうなるでしょうか？　実は、(1)の「は」を「を」に替えても意味はほとんど変わらないのですが、(2)の「は」を「を」に替えると意味が変わってしまいます。次の(3)と(4)の文で確認してみましょう。

(3)　この大切な本を売れない。（cf.(1)）
(4)　こんなつまらない本を売れない。（cf.(2)）

(3)は(1)とはニュアンスが少しは違うものの、「この大切な本はどうしても売りたくない」という意味自体は変わりません。一方、(4)は(2)と同じ意味、つまり、「こんなつまらない本は誰も買わないだろう」の意味ではとることができず、たとえば「(読書家のあなたに)こんなつまらない本は売りたくない」のような異なった意味になってしまいます。どうして(1)は「は」を「を」に替えてもほとんど意味が変わらないのに、(2)は「は」を「を」に替えると意味が変わってしまうのでしょうか。

実は、(1)と(2)の「売れない」は同じ文字と同じ発音をしていますが、《組み合わせ》が違います。「組み合わせが違う」とは何のことか、これからわかりやすく説明していきます。まず、(1)と(2)の「売れない」の組み合わせをそれぞれ(5)と(6)で示します。

(5) 売－れ－ない　(cf. (1))

(6) 売れ－ない　(cf. (2))

(5)では「売れない」が「売」と「れ」と「ない」に分かれていることが示されています。まず、「売」は動詞のコアな部分です(現在を表す「る」がつくと「売る」となります)。次に、「れ」は《可能》を表すことばです。そして、「ない」は《否定》を表すことばです。つまり、(5)の「売－れ－ない」は、「動詞のコア－可能－否定」の組み合わせになっています。一方、(6)では「売れない」が「売れ」と「ない」に分かれていることが示されています。まず、「売れ」は動詞のコアな部分です(現在を表す「る」がつくと「売れる」となります)。そして、「ない」は《否定》を表しています。つまり、(6)の「売れーない」は、「動詞のコアー否定」の組み合わせになっています。このように(5)と(6)では組み合わせが異なっているのです。さらに、動詞のコアな部分も異なっています。(5)の「売」は他動詞で、(6)の「売れ」は自動詞です。他動詞というのは、たとえば「旗をふる」の「ふる」のように目的語(旗を)をとることができます。それに対して、自動詞というのは、たとえば「雨がふる」の「ふる」のような動詞で、「雨をふる」のように目的語をとることができません。

ここで、先程あげた(3)と(4)の例をもう一度見てみましょう。(3)の「売」は他動詞ですから目的語(本を)をとることができます。一方、(4)の「売れ」は自動詞ですから目的語(本を)をとることはできません。どうしても目的語(本を)をとらせたい場合には、本来の「売れーない」だった組み合わせを、「売ーれーない」のように捉えなおす必要があります。このように捉えなおせば、たしかに助詞の「を」が許されるようになります。しかし、そうすると、元々の「売れーない」にはなかった可能の意味が出てしまい、その結果、文全体の意味が変わってしまいます。

3 飛んでいます

近所の公園の木に次のような注意書きが貼ってありました。

ハチが飛んでいます

「ハチが飛んでいます」と書かれてあります。この文の中の「飛んで」を省略すると「ハチがいます」となります。「ハチが飛んでいます」でも「ハチがいます」でも注意書きとしては問題がとくになさそうです。

ここで、突然ですが「ペンギンが空を飛んでいる絵」を頭の中に思い浮かべてみてください。もちろんペンギンは空を飛ぶことができませんから、想像の世界のお話だと思ってかまいません。その絵を思い浮かべながら、「ペンギンが飛んでいます」と言うことはできると思います。しかし、「飛んで」を省略して「ペンギンがいます」と言ってしまうと、頭の中の絵の説明としてはとても不自然に感じられます。

右で見た「ハチの話」と「ペンギンの話」を左にまとめてみましょう。

ハチが飛んでいます。
ハチがいます。
ペンギンが飛んでいます。
×ペンギンがいます。
!?

(1) a．ハチが飛んでいます。
　　b．ハチが~~飛んで~~います。

(2) a．ペンギンが飛んでいます。
　　b．×ペンギンが~~飛んで~~います。
　　　（×は文が不適格であるという記号）

(1a)は「ハチが飛んでいます」と書かれていて、(1b)は「飛んで」が省略され「ハチがいます」と書かれています。(1a)も(1b)もどちらも自然な文です。一方、(2a)は「ペンギンが飛んでいます」と書かれており、(2b)は「飛んで」が省略され「ペンギンがいます」と書かれています。(2a)は自然な文ですが、(2b)は(2a)の状況を表すには不自然な文です。(1b)と(2b)ではどちらも「飛んで」が省略されているのにもかかわらず、どうしてこのような違いが出るのでしょうか？

実は、《省略》というのはいつも自由にできるわけではなく、ルールがあるのです。そのルールとは(3)のようなものです。

(3)　重要度のより低い情報を省略し、重要度のより高い情報を残すこと。

(3)のルールを念頭におきながら、(1a)を見ていきましょう。まず、(1a)の文では「この木にはハチがいます（から気をつけてください）」ということが伝えられています。つまり、(1a)は《ハチの存在》を示す文なのです。(1a)の文にある「飛んでいます」ですが、「飛んで」と「います」に分けることができます。このうち「います」がハチの存在を表しています。(1a)は「ハチの存在を示すこと」が目的ですから、存在を表す「います」のほうが「飛んで」に比べて、重要度がより高い情報と考えられます。

(4)　ハチが　~~飛んで~~　います。（＝(1b)）

（飛んで：より低い情報　います：より高い情報）

(4)では重要度のより低い情報（飛んで）が省略され、重要度のより高い情報（います）が残されているので(3)が守られています。したがって、(4)(＝(1b))が自然な省略文になっているのです。

つぎに、(2a)を見ていきましょう。まず、(2a)の文では「普通は空を飛ぶことができないペンギンが空を飛ぶ」ことが伝えられています。つまり、(2a)は《ペンギンの飛行》を示す文なのです。(2a)の文にある「飛んで」と「います」ですが、「飛んで」がペンギンの飛行を表しています。(2a)の目的が「ペンギンの飛行を示すこと」ですから、飛行を表す「飛んで」のほうが「います」に比べて、重要度がより高い情報と考えられます。

(5)　ペンギンが　~~飛んで~~　います。（＝(2b)）
　　　　　　　　より高い情報　より低い情報

ところが、(5)では重要度のより高い情報（飛んで）が省略され、重要度のより低い情報（います）が残されているので(3)が破られています。したがって、(5)(＝(2b))は不自然な省略文になっているのです。(1b)と(2b)のどちらも「飛んで」が省略されていますが、それぞれの文の中における情報の重要度の違いによって、省略文が自然かどうかが異なってしまうのです。

4 キミに言いたいことがあれば

大変恥ずかしいのですが、みなさんにお伝えしたいことがあります。ボクとカノジョは結婚することになりました。いつまでも二人仲良くしていたいので、ボクからカノジョに次のような二つの約束をしました。

(1) キミに言いたいことがあれば、何でも言う。

(2) キミに言いたいことがあれば、何でも聞く。

二つの約束、とても大事なことだと思います。(1)と(2)の約束には、「キミに言いたいことがあれば」という同じ表現が使われていますね。(1)と(2)で異なっているのは、(1)の「言う」が(2)では「聞く」となっているところです。そのほかに異なっているところはありませんか？　ないですか？　実は、(1)と(2)では「キミ」と「ボク」の関係に微妙な違いがあるのです。「どういうこと？」と思ったみなさん、これからその説明を始めたいと思います。

まず、⑴の「言いたいこと」とは、誰が言いたいことでしょうか？　文字には表れていませんが、「ボクが言いたいこと」だと文脈からわかります。それでは、⑴では、「キミ」と「ボク」はどのような関係にあるのでしょうか？　それは「キミ」に「ボク」が言いたいことを伝える関係にあるということです。⑴は⑶のように書くことができます。

⑶　キミに［ボクが］言いたいことがあれば、何でも言う。（cf. ⑴）

つまり、⑶は「ボクは自分の言いたいことは何でもキミに言うよ」ということを表しています。

つぎに、⑵を考えてみましょう。⑵の「言いたいこと」は、文脈から「キミが言いたいこと」だとわかります。それでは、⑵では、「キミ」と「ボク」はどのような関係にあるのでしょうか？　それは「キミ」が「ボク」に言いたいことを伝える関係にあるということです。⑵は⑷のように書くことができます。

⑷　キミが［ボクに］言いたいことがあれば、何でも聞く。（cf. ⑵）

キミに言いたいことがあれば、何でも言う。
キミに言いたいことがあれば、何でも聞く。

つまり、(4)は「キミがボクに言いたいことは何でもボクは聞くよ」ということを表しています。(1)と(2)における「ボク」と「キミ」の関係を整理すると次の表になります。

(5)

誰が	誰に	誰の言いたいことを	例文
ボク	キミ	ボク	(1)
キミ	ボク	キミ	(2)

(5)をみれば、(1)と(2)で「キミ」と「ボク」の関係に微妙な違いがあることがはっきりとわかると思います。

ではなぜ、「キミに言いたいことがあれば」という同じ表現から二通りの人間関係が読み取れてしまうのでしょうか？　そのカギは助詞の「に」にあります。

⑹ キミに【目的語】 言いたいことがあれば、何でも言う。（cf.⑴）

⑺ キミに【主語】 言いたいことがあれば、何でも聞く。（cf.⑵）

助詞の「に」は⑹のように目的語を表すことも、⑺のように主語を表すこともできます。⑹では省略されている「ボク」が主語となり、「ボクがキミに言いたい」となります。一方、⑺では省略されている「ボク」が目的語となり、「キミがボクに言いたい」となります。

なお、⑹の「キミに」が目的語だと判断できるのは、後半にある「何でも言う」ということばのおかげです。もし⑹の「キミに」を主語ととってしまうと、「キミがボクに言いたいことをボクが言う」となってしまい、意味がわからなくなります。このことから、⑹の「キミに」は目的語ととるしかないことになります。一方、⑺の「キミに」が主語と判断できるのは、後半にある「何でも聞く」ということばのおかげです。もし⑺の「キミに」を目的語ととってしまうと、「ボクがキミに言いたいことをボクが聞く」となってしまい、意味がわからなくなります。このことから、⑺の「キミに」は主語ととるしかないのです。

5 「ない」の前に「ある」？

あなたは犬を飼っています。ある朝、犬小屋に行くとイヌの姿が見えませんでした。そのときあなたは(1a)と(1b)のうち、どちらを言うでしょうか？

(1) a. あっ、イヌがいない。
b. ×あっ、イヌがない。

おそらくあなたは(1a)のように言うのではないでしょうか？ 今度は、朝、教室に行くと自分のイスが見当たりませんでした。そのときあなたは(2a)と(2b)のうち、どちらを言うでしょうか？

(2) a. ×あっ、イスがいない。
b. あっ、イスがない。

もちろん、(2b)のように言うと思います。でも、どうしてあなたは(1b)や(2a)のようには言わないのでしょうか？「どうしてって言われても、言わないものは言わないから…」とあきらめてしまう前に、その理由をいっしょに考えてみましょう。

まずは、正しい表現(1a)と(2b)から見てみましょう。まず(1a)ですが、「イヌがいない」は、「イヌがいる」を否定した文ですよね。つまり、(1a)は「イヌがいる」と「ない」がくっついてできた文です。つぎに(2b)ですが、「イスがない」は、「イスがある」を否定した文ですよね。つまり、(2b)は「イスがある」と「ない」がくっついてできた文です。ここまでのことを左にまとめて書いてみましょう。

(3)　イヌがいる＋ない↓イヌがいるない↓イヌがいない　（＝(1a)）

(4)　イスがある＋ない↓イスがあるない↓イスがない　（＝(2b)）

(3)で「いる」と「ない」がくっつくと「いるない」になります。「いるない」のうち「る」は削除されますが、「い」はそのまま残ります。そして最終的に「いない」となります。

一方、(4)では「ある」と「ない」がくっつくと「あるない」になります。「あるない」から「ある」が削除されて、最終的に「ない」になります。つまり、(3)の「いるない」の「いる」は、「ない」の前でも「い」が残ったままなのに対して、(4)の「あるない」の「ある」は、「ない」の前ではすっかり消えてなくなってしまっているということです。実は日本語には(5)のような秘密のルールがあるのです。

(5) 「ない」の直前にくる「ある」は必ず削除すること。

みなさんは、(5)のようなルールが日本語にあるなんてちっとも気づかなかったと思います。それもそのはずで、(5)は親からも国語の先生からも誰からも教わらないルールだからです。でも、不思議なことに、日本語が母語の人なら誰でも(5)のルールを無意識に知っているのです。

さて、今度は正しくない表現(1b)と(2a)を見てみましょう。まず(1b)の「イヌがない」は、「イヌがある」を否定した文です。つまり「イヌがあるない」の「ある」が削除されてできた文です。でも、そもそも「イヌがある」ってヘンですよね(「イヌがいる」なら問題ないですが)。そのヘンな文を否定しても、結果は同じでヘンな文になります。だから、

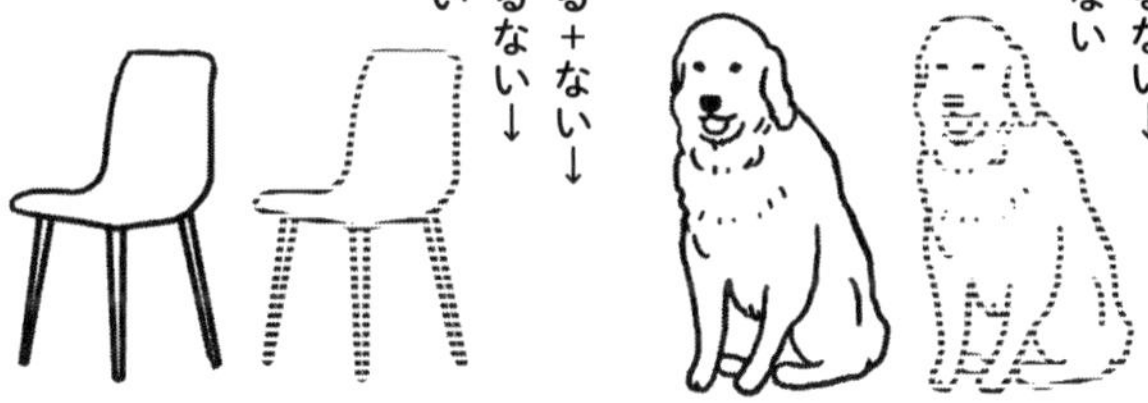
イヌがいる＋ない↓
イヌがいるない↓
イヌがいない
イスがある＋ない↓
イスがあるない↓
イスがない

「イヌがない」が正しくない表現になるのです。つぎに、(2a)の「イスがいない」は、「イスがいる」を否定した文です。つまり「イスがいるない」の「る」が削除されてできた文です。でも、そもそも「イスがいる」ってヘンですよね（「イスがある」なら問題ないですが）。そのヘンな文を否定しても、結果は同じでヘンな文になります。だから、「イスがいない」が間違った表現になるのです。

「ない」の前に「ある」が隠れていることに気づく人なんて普通いませんよね。でも、この見えない「ある」が見えるようになると、どうして「イスがない」（＝(2b)）が正しい表現なのに「イヌがない」（＝(1b)）が正しくない表現なのかがはっきりとわかるのです。「ない」の前にあるはずの「ある」、あなたには見えてきましたか？

6 牡蠣をフライにしてみたら

牡蠣《かき》がおいしい季節になりました。みなさんは牡蠣をどのようにして食べますか? 牡蠣は生のままいただくのもいいですし、殻に入れたまま炭火で焼いて、しょうゆを一滴たらしたら、もうたまりませんよね。たくさんある牡蠣料理の中で私が一番好きなのは「牡蠣フライ」です。

「牡蠣」は、東京などでは、[かき]のように「か」を高く読み、「き」を低く読みます。これに対して「柿」は[かき]のように「か」を低く読み、「き」を高く読みます。ひらがなで「かき」と書いただけでは「牡蠣」なのか「柿」なのかわかりませんが、発音すればどちらかわかります。

(1) 牡蠣 [かき]

(2) 柿 [かき]

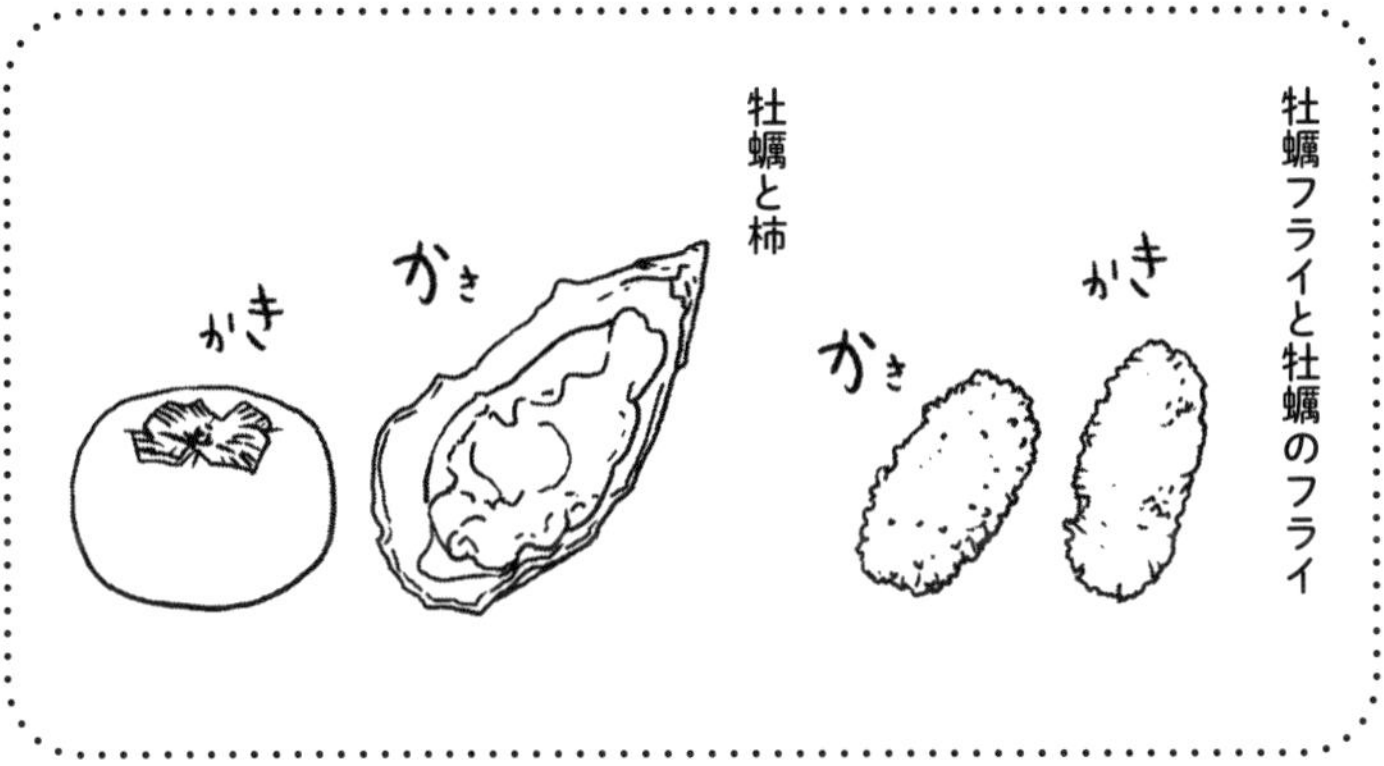

　では、その「牡蠣」をフライにしてみましょう。牡蠣をフライにすると「牡蠣フライ」となります。当たり前ですね。では「牡蠣フライ」の「牡蠣」はどのように発音しますか？ おそらく、かきふらい のように「か」を低く読み、「き」を高く読んだのではないでしょうか？ 逆に、かきふらい のように「か」を高く読み、「き」を低く読んだ人はほとんどいないのではないでしょうか？

(3)　牡蠣フライ　かきふらい

「あっ、その通りだ」と思った人に質問です。どうして、獲れたての「牡蠣」は(1)のように「か」を高く「き」を低く読むのに、フライにすると(3)のように「か」を低く読んで「き」を高く読むようになってしまうのでしょうか？

「フライに使う油は高温なので、その熱によって発音も変わってしまうから」などと答えた人、いませんか? なかなかユニークでおもしろい答えなのですが、残念ながら違います。発音が変わったのはフライにするときの「熱」ではないようです。次の例を見てください。

⑷ 牡蠣のフライ　かきのふらい

「牡蠣フライ」といっても「牡蠣のフライ」といってもほぼ同じ料理を指すと思います。しかし、「牡蠣のフライ」といった場合には、その発音は⑷のようなかきのふらいであって、かきのふらいではありません。つまり、獲れたての「牡蠣」を高温の油で揚げて「牡蠣のフライ」にしても、「牡蠣」の発音はまったく変わらず同じかきのままです。

どうして「牡蠣フライ」は⑶のように「か」を低く「き」を高く読むのに、「牡蠣のフライ」は⑷のように「か」を高く「き」を低く読むのでしょうか? 「牡蠣フライ」と「牡蠣のフライ」で異なっている点は、「牡蠣フライ」には「の」がなくて、「牡蠣のフライ」には「の」があることだけです。実は、この「の」が重要な働きをしているのです。

まず、「牡蠣フライ」には「の」がありませんが、そのため「牡蠣」と「フライ」が混然一体となり一つの名詞のカタマリになります。名詞の「○○フライ」には、最初の○を低く読み次の○を高く読むという性質があります。このため、「牡蠣フライ」は(3)のように「か」が低く「き」が高く読まれるのです。

これに対して、「牡蠣のフライ」では「の」があることで「牡蠣」と「フライ」は、混然一体とはならず、単に二つの語が「の」で結ばれただけになります。二つの名詞が「の」によって結ばれただけですから、それぞれの名詞は独自の発音を保持したままになります。「牡蠣」は、(1)のように「か」を高く読み「き」を低く読みますから、「牡蠣のフライ」となっても「か」を高く読み「き」を低く読みます。また、「フライ」はもともと［フライ］のように「フ」を低く読み「ラ」を高く読みますから、「牡蠣のフライ」となってもなお「フライ」は「フ」が低く、「ラ」が高く読まれます。

そうそう、フライといえば「鯵《あじ》フライ」もおいしいですよね。「鯵」は、［あじ］のように「あ」を高く読み、「じ」を低く読みます。しかし、「鯵フライ」になると、［あじふらい］のように「あ」が低く、「じ」が高く読まれるようになります。また、「鯵のフライ」にすると、［あじのふらい］のように「あ」が高く読まれ、「じ」が低く読まれます。この発音のパターンは、「牡蠣フライ」と「牡蠣のフライ」の場合とまったく同じですね。

7 ゴミ箱がいっぱいだ！

もしあなたが(1)のように「ゴミ箱がいっぱいだ！」と言われたら、どのような光景を思い浮かべますか？　おそらく、(2)のような光景を思い浮かべるのではないでしょうか。

(1)　ゴミ箱がいっぱいだ。

(2)　ゴミ箱にゴミがあふれている。

では、「ゴミ箱がいっぱいだ！」の前に「台所には」ということばをつけ加えてみてください。つまり、「台所にはゴミ箱がいっぱいだ！」としてみてください。どんな光景が目に浮かぶでしょうか？　そうですね。(3)のような光景ですよね。

(3)　台所にはゴミ箱が多数ある。

ゴミ箱がいっぱいになっている。
ゴミ箱がいっぱいある。

このことから「ゴミ箱がいっぱいだ！」には、(2)だけでなく(3)のような解釈もできることがわかります。でも、どうして(1)は(2)や(3)の解釈ができるのでしょうか？

この問題を解くカギは《省略文》にあります。実は、(1)はある文の一部が省略されてできた省略文だったのです。次の(4)と(5)を見てください。

(4)　ゴミ箱《場所》が~~ゴミ《物》で~~いっぱいだ。（cf.(2)）

(5)　~~台所《場所》には~~ゴミ箱《物》がいっぱいだ。（cf.(3)）

(4)は、「ゴミ箱（の中）」という《場所》に「ゴミ」という《物》が多数あるという状況を表しています。つまり、(2)の状況を表しています。この文から「ゴミで」を省略すると、「ゴミ箱がいっぱいだ」という省略文、すなわち(1)ができあがります。

つぎに、(5)を見てください。この文は、「台所」という《場所》に「ゴミ箱」という《物》が多数あるという状況を表しています。つまり、(3)の状況を表しています。この文から「台所には」を省略すると、「ゴミ箱がいっぱいだ」という省略文、すなわち(1)ができあがります。つまり、(1)が(4)のような省略文だと思った人は、(1)を(2)のように解釈し、一方、(1)が(5)のような省略文だと思った人は、(1)を(3)のように解釈したのです。

ここで、もう一度(4)と(5)の「ゴミ箱」に注目してください。(4)の「ゴミ箱」の横には《場所》と書かれているのに対して、(5)の「ゴミ箱」の横には《物》と書かれています。このことから、「ゴミ箱」というのは、ゴミを入れる《場所》としても、台所などに置かれる《物》としても捉えられることがわかります。ここに「ゴミ箱がいっぱいだ」の曖昧性の原因があるのです。

ということは、「○○がいっぱいだ」の○○に、《場所》としても《物》としても捉えられる名詞が入れば、「ゴミ箱がいっぱいだ」のような意味の曖昧な文をつくれることになります。たとえば、「財布」はお金を入れる《場所》としても、机の引き出しの中などに置かれる《物》としても捉えることができます。ですから、「財布」を「○○がいっぱいだ」

の〇〇に入れると意味の曖昧な文ができることが予想されます。(6)を見てください。

(6)　財布がいっぱいだ。

予想通り、(6)には「財布の中に（小銭などが）たくさん入っている」という解釈と、「（ブランド店などに）多数の財布がある」という二通りの解釈ができます。

では、今度は、《物》としては捉えられるものの、《場所》としては捉えられない名詞を考えてみましょう。そのような名詞が「〇〇がいっぱいだ」の〇〇に入っても、曖昧な文にはならないことが予想されます。たとえば「鉛筆」は《物》としては捉えられますが《場所》としては通常捉えられません。この「鉛筆」を使って「鉛筆がいっぱいだ」とすると、「（筆箱などに）多数の鉛筆がある」という解釈はできますが、「鉛筆の中に何らかのものがたくさん入っている」という解釈はできません。予想通りですね。

8 「きもい」とは言えない

「きもい」ということばがあります。このことばはあまり好ましくないことばとされていますが、今回はその「きもい」について少し考えてみましょう。

「きもい」は省略された表現ですが、省略する前のことばを知っていますか？ そうですね。「気持ちが悪い」ですね。「きもい」は、左の図のように「気持ちが悪い」のグレーの部分を省略してつくられたことばです。

きもちがわるい → きもい
（省略）

ではここで、(1)を見てください。

(1) 待たれていて、気持ちが悪い。

(1)は「帰り道、いつも誰かに待たれていて、気持ちが悪い」という状況で使われる文です。(1)の「気持ちが悪い」は、(1′)のように「きもい」と言い替えることができます。

(1′) 待たれていて、きもい。

今度は(2)を見てください。

(2) もたれていて、気持ちが悪い。

(2)は「昨夜遅く、脂っこい食べ物をたくさん食べたので、今朝は胃がもたれていて、気持ちが悪い」という状況で使われる文です。みなさんは(2)の「気持ちが悪い」を(2′)のように「きもい」と言い替えることができますか？

(2′) もたれていて、きもい

流行り言葉をよく使う人でも、さすがに(2′)のようには言いませんよね。でも、どうしてでしょうか？ 不思議ですよね。

では、ここで(1)と(2)を左のように並べて比べてみましょう。

(1) 待たれていて、気持ちが悪い。

(2) もたれていて、気持ちが悪い。

これまで述べたことを整理すると、(1)の「気持ちが悪い」は「きもい」と言えるのに、(2)の「気持ちが悪い」は「きもい」とは言えません。つまり、同じ「気持ちが悪い」という表現でも、「きもい」と言える場合と言えない場合があるということです。さて、今「同じ」と言いましたが、(1)と(2)の「気持ちが悪い」の意味は同じでしょうか？ (1)の「気持ちが悪い」は《心の状態》を表しています。たとえば「いやだなぁ」とか「不愉快だなぁ」などと言い換えられるような心の状態を表しています。これに対して、(2)の「気持ちが悪い」は《体の状態》を表しています。たとえば「胃がむかむかする」とか「吐きそうだ」などと言い換えられるような体の状態を表しています。以上のことをまとめると(3)のようになります。

(3)

「気持ちが悪い」

《心の状態》を表す場合→「きもい」と言える

《体の状態》を表す場合→「きもい」と言えない

(3)をみれば、「気持ちが悪い」が「きもい」となる場合がわかるでしょう。

話は変わりますが、バス旅行のバスの中で、ガイドさんが「(車酔いして)気持ちが悪い人はいませんか?」と声をかけるときがあります。このとき、ガイドさんはまちがっても「きもい人はいませんか?」とは言いません。ガイドさんは職業柄、乗客の体の状態(=体調)を常に心配していますが、体の状態を表す場合には「きもい」とは言えないからです。

9 「ラ抜き」と「レ足す」

みなさんは、「パクチーが食べられる」を「パクチーが食べれる」と言ってしまうことはありませんか？　「食べれる」は一般的に「ラ抜き言葉」とよばれています。これは、「られる」から「ら」が落ちて「れる」になった、という観察に基づいた名前です。

ところが、これからお話しするように、実は「食べれる」には《ラ抜き》など起こってはいないのです。「食べれる」の話をする前に、まずは「書ける」の話をしましょう。

(1)　**書ける　kak-re-ru → kak-e-ru → kakeru**
　　　　　　語幹－可能－現在

「書ける」は(1)のようにkak（語幹）とre（可能）とru（現在）の三つのパーツに分解することができます。まず、kakとreをくっつけますが、kakとreをそのままの状態でくっつけることはできません。というのも、日本語には「子音（k）と子音（r）は連続できない」という性質があるからです。そこで、reのrを削除してkakとくっつけてみましょう。そう

するとkakeとなります。そして、このkakeに現在を表すruをくっつけるとkakeruができあがります。

以上を踏まえたうえで、「食べれる」の話に戻りましょう。

(2) 食べれる　tabe-re-ru（語幹-可能-現在）→ tabereru

「食べれる」は(2)のようにtabe（語幹）とre（可能）とru（現在）がそのままくっついてできたことばです。以上です（笑）。

「えっ、それだけ?!」と思われた人がいるかもしれません。しかし、本当にそれだけなのです。この説明を見れば、「食べれる」にラ抜きなど起こっていないことは明らかです。つまり、「ラ抜き言葉」とは「ラが抜かれているように見える」という、ある種の《幻想》だったのです。

(1)と(2)でとても重要な働きをしているのが、《可能を表すre》です。このreの働きは活発で、つぎつぎと新しい日本語の表現を生み出しています。その一つの例が「レ足す言葉」です。

みなさんは、「ハングル文字が書ける」を「ハングル文字が書けれる」と言ってしまうことはありませんか？「書けれる」は一般的に「レ足す言葉」とよばれています。これは、「書ける」だけで十分なのにさらに本来必要ないはずの「れ」が足されている、という観察に基づいた名前です。

「レ足す」で足されている「れ」とは一体何でしょうか？実は、可能を表す「れ（re）」なのです。「書けれる」を分解すると(3)になります。

(3)　**書けれる　kake-re-ru　→　kakereru**
　　　　　　　　　　可能-現在

「書けれる」は、(3)のようにkakeとre（可能）とru（現在）からできています。(3)でkakeの横に何の説明もないことにお気づきでしょうか？実は、このkakeには重要な秘密が隠されているのです。

kakeは(1)で出てきましたね。(1)を思い出してみましょう。

(1) 書ける　kak-re-ru（語幹－可能－現在）→ kak-e-ru → kakeru

(1)の説明のときに述べたように、kakeというのは、kak（語幹）とre（可能）がくっついてできたものです。つまり、kakeの中には可能を表すreがすでに入っているのです。しかし、kakeの中にreが入っていることをうっかり忘れてしまう人もいます。そのような人は、kakeにもう一度可能を表すreを加えてしまうのです。このようにして、kake-re-ru、つまり「書けれる」という新しい表現が生まれました。これが「レ足す言葉」の真相なのです。

これまで見てきたことから、「ラ抜き言葉」においても「レ足す言葉」においても、《可能を表すre》がとても重要な役割をはたしていることがわかったかと思います。

10 温めたから飲んでね

季節が少しずつ変わっていくように、人間関係も少しずつ変わっていく。微妙な風向きの変化で季節の移ろいを感じる人もいれば、微妙なことばの変化で人の心の移ろいを感じる人もいる。

残業してヘトヘトになって帰宅した夫に、かつての妻は(1)のように言ってくれた。あれから二十年がたち、今では(2)のように言うようになった。

(1) スープ、温めたから飲んでね。

(2) スープ、温めてから飲んでね。

(1)も(2)も丁寧さに違いがあるわけではない。あるわけではないけれど、たった一文字「た」から「て」への変化が、人の心の移ろいを如実に表しているとは言えないだろうか。

(1)ではスープを温める人と飲む人は別の人物である。つまり、妻がスープを温めて、夫が

温めたから飲んでね。
温めてから飲んでね。
温めてから
飲んでね

そのスープを飲む。夫は妻からフルサービスを受けることになる。それに対して、(2)ではスープを温める人と飲む人は同じ人物、つまり夫である。つまり、夫はセルフサービスでスープを温めて飲むことになる。このように、二十年の間にフルサービスからセルフサービスへと劇的な変化をとげてしまったのである。

ところで、(1)と(2)はわずか一文字の違いしかない。具体的にいうと、「た」と「て」の違いしかない。(1)の「温め**たから**」のように「から」の前に「た」がついた「たから」が使われると、スープを「温める人」と「飲む人」が別の人物になる。それに対して、(2)の「温め**てから**」のように「から」の前に「て」がついた「てから」が使われると、今度はスープを「温める人」と「飲む人」が同じ人物になる。このことから、「温める人」と「飲む人」が《別の人物になるか同じ人物になるか》を決めているのは「たから」と「てから」であることがわかる。まるで「たから」と「てから」が人物の異同を決定する《スイッチ》の役割をはたしているかのようである。妻はかつては「たから」のスイッチを押していたのに、今では「てから」のスイッチを押すようになってしまったのである。

翌日の朝、台所にいる妻が夫に(3)のように言った。

(3) 朝ごはん、どうする?

二十年前の夫ならば(4)のように言っていただろう。しかし、妻の心の移ろいを感じとってしまった夫は、もう(5)のように答えざるをえない。

(4) 作ったら、食べるよ。

(5) 作って、食べるよ。

(4)では朝ごはんを作る人と食べる人は別の人物である。つまり、妻が朝ごはんを作って、夫がその朝ごはんを食べる。夫は妻からフルサービスを受けることになる。それに対して、(5)では朝ごはんを作る人と食べる人は同じ人物、つまり夫である。つまり、夫はセルフサービスで朝ごはんを作り、食べることになる。

ところで、(4)と(5)で違うのは「たら」と「て」だけである。(4)の「作ったら、」のように「たら」が使われると、朝ごはんを「作る人」と「食べる人」が別の人物になる。それに対して、(5)の「作って」のように「て」が使われると、今度は朝ごはんを「作る人」と「食べる人」が同じ人物になる。このことから、「作る人」と「食べる人」が《別の人物になるか同じ人物になるか》を決めているのは「たら」と「て」であることがわかる。今回もまるで「たら」と「て」が人物の異同を決定する《スイッチ》の役割をはたしているかのようである。夫はかつては「たら」のスイッチを押していたのに、今では「て」のスイッチを押すようになってしまった。夫もまた二十年の間に変わってしまったのである。

(1)と(2)にみられる「たから」と「てから」によるスイッチは、スープを「温める人」と「飲む人」の異同を決定づけた。そして、(4)と(5)にみられる「たら」と「て」によるスイッチは、朝ごはんを「作る人」と「食べる人」の異同を決定づけた。このように、わずかなことばの違いが《スイッチ》となり、登場人物の異同を決定づけてしまうことがあるのだ。

11 公園にジャイアンたちがいた

さて、ジャイアンは何人？

とある公園。子どもが一人で遊んでいました。しばらくすると子どもがもう一人、そしてまたもう一人来て、そのうち⑴のような状況になりました。

⑴　公園で子どもたちがたくさん遊んでいます。

⑴の「子どもたち」の「たち」は、「子ども」が複数人いることを表しています。このように使われる「たち」は複数を表しています。ちなみに、「子ども」の「ども」も複数を表しています（たとえば、「私たち」の代わりに「私ども」ということもありますよね）。つまり、「子どもたち」は、「子」に複数形の「ども」がついて、さらに複数形の「たち」がついた二重の複数表現なのです。

さて、今度は⑵のような状況を思い浮かべてみてください。

子どもたちが遊んでいる
ジャイアンたちが遊んでいる
ジャイアン

(2) 公園でジャイアンたちが遊んでいます。

(2)から、土管のある公園でジャイアンとスネ夫、それにしずかちゃんとのび太が仲良く遊んでいる様子が目に浮かんだのではないでしょうか？ そこで、みなさんにお聞きします。公園にジャイアンは何人いますか？ 「えっ？ ジャイアンでしょ？ 一人に決まっているよ」とほとんどの人は答えるかと思います。でも、(2)をよく見てください。「ジャイアンたち」と書いてありますよね。(1)で見たように、「たち」は複数を表すことばですから、「ジャイアンがたくさんいる」と考えてもよさそうです。しかし、実際には、(2)の文ではジャイアンは一人だけとしか考えられません。では、(2)の複数形の「たち」はいったい何を表しているのでしょうか？

まず、「たち」が複数を表す表現であることをもう一度確認しておきましょう。次の(3)と(4)の文を見てください。

(3)×公園で子どもたちが一人で遊んでいます。（cf.(1)）

(4)×公園でジャイアンたちが一人で遊んでいます。（cf.(2)）

(3)と(4)はどちらもとても不自然です。(3)がどうして不自然なのかというと、「子どもたちが」と言っておきながら、「一人で遊んでいます」と続いているからです。すなわち、「子どもたち」が複数を表しているのに、「一人で」が単数を表しているので矛盾が生じてしまっているということです。(4)が不自然なのもこれとまったく同じ理由です。つまり、「ジャイアンたち」が複数を表しているのに「一人で」が単数を表しているので、ここでも矛盾が生じてしまっているのです。これらのことから、「たち」が複数を表す表現であることは間違いないと結論付けられます。

ではここで、(2)に戻りましょう。「ジャイアンたち」というのは、《ジャイアンと彼の周りにいる人々》を表しています。つまり、「ジャイアンたち」が複数表現であることは間違いないのですが、「ジャイアンが複数人いる」という意味の複数ではなくて、「ジャイアンと彼の周りにいる人々を合わせると複数人いる」という意味の複数なのです。このように「たち」は、(1)の「子どもたち」のように「子ども」が複数人いる場合にも使われますが、(2)の「ジャイアンたち」のように「ジャイアン」が複数人いない場合にも使われます。

ところで、「私」の複数形は何だかわかりますか？「私たち」ですよね。この「私たち」の「たち」ですが、(1)で使われた「たち」でしょうか？それとも(2)で使われた「たち」でしょうか？考えてみれば、「私」というのはこの世に一人しかいません。ですから、(1)の「たち」の意味ではあり得ません。つまり、「私たち」の「たち」は(2)の意味、すなわち、「私と私の周りにいる人々を含めた複数」を意味しているのです。

日本語の「私たち」が「私」の複数形ではないことから、「日本語って変わっているな」と思った人もいるかもしれません。しかし、そうではありません。英語も同じです。たとえば、英語の「私」はIで、複数形はweですよね。でもIはこの世に一人しかいません。ですから、weはIがたくさんいるという意味の複数形ではあり得ません。英語の複数形のweも「Iの複数形」ではなく、「IとIの周りにいる人々を表す複数形」なのです。

12 肉しか食べない

「うちの子、肉しか食べないんですよ」という親の声はよく聞かれます。バランスのよい食事を子どもにとらせるのは難しいことですね。ところで、次の⑴の《反対の文》は何だと思いますか？

⑴ 野菜を食べない。

⑵ 野菜を食べる。

そうですね。⑵のような文ですよね。⑴の文を反対の文にするには、「食べない」を「食べる」に変えればよいでしょう。では、次の⑶の《反対の文》は何だと思いますか？

⑶ 肉しか食べない。

⑷×肉しか食べる。

(3)の「食べない」を(2)と同じように「食べる」に変えたのが(4)です。ところが、(4)はきわめて不自然な(＝非文法的な)文です。なぜ(3)では「食べない」を「食べる」に変えると非文法的になってしまうのでしょうか？

この質問にお答えする前に、先程述べた《反対の文》とは何かについてお話ししましょう。(1)の「野菜を食べない」のような文を《否定文》といいます。これに対して(2)の「野菜を食べる」のような文を《肯定文》といいます。「(1)の文を反対の文にする」とは「(1)の否定文を(2)の肯定文にすること」だったのです。

では、ここで(3)をもう一度見てみましょう。みなさんにお聞きしますが、(3)の「肉しか食べない」は肯定文でしょうか、それとも否定文でしょうか？「「食べない」で終わっているのだから、当然否定文だ」と思った人はいませんか？実は(3)の文は意味的には肯定文なのです。「でも、(3)が意味的に肯定文ってどういうこと？」と疑問をもつ人もいると思います。それをこれから説明します。

まず、(3)(＝(5))は(6)のように言い替えられます。

(5)　肉しか食べない。(＝(3))

(6)　肉だけ食べる。

(5)の文は(6)の肯定文と同じ意味です。したがって、(5)の文も意味的には肯定文と考えられます。では、(5)にある「ない」はどのような働きをしているのでしょうか？　実は、日本語には(7)のような隠れた「公式」があるのです。

(7)　しか＋ない＝だけ

まず、「しか」は「ない」と必ずセットで使われなければなりません。そして、「しか」と「ない」がセットになると「だけ」と同じ意味になります。(7)の公式ではそのことが示されています。

ここで、(3)と(4)の例をもう一度見てみましょう。(3)の「肉しか食べない」の「ない」を「る」にして(4)の「肉しか食べる」にすると、「しか」と「ない」のセットがつくれません。「しか」は必ず「ない」とセットにしなければならないので、(4)は非文法的な文になってしまうのです。

ほかの例も見てみましょう。⑻〜⑽を見てください。

⑻　太郎しか肉を食べない。
⑼　太郎だけ肉を食べる。
⑽×太郎しか肉を食べる。

⑻の「太郎しか肉を食べない」では「しか」と「ない」がセットで使われているので、⑼の「太郎だけ肉を食べる」と同じ意味になります。⑻の「太郎しか肉を食べない」の「ない」を「る」にすると、⑽の「太郎しか肉を食べる」になります。しかし、「ない」を「る」に変えてしまったので、⑽では「しか」と「ない」のセットがつくれません。「しか」は必ず「ない」とセットにしなければならないので、⑽は非文法的な文となってしまっているのです。

13 もう帰るわ

楽しかったパーティーもそろそろお開きの時間が近づいてきた。右隣で飲んでいたサトミを二次会に誘うと⑴のように言われた。

⑴　もう帰るわ↗。（サトミの発言）

残念だ。仕方なく(?)左隣で飲んでいたサトシを二次会に誘うと⑵のように言われた。

⑵　もう帰るわ↘。（サトシの発言）

サトシ、お前もか。今日はおとなしく帰ることにした。
帰りの電車の中で、サトミもサトシも「もう帰るわ」と同じことばをボクに言ったことを思い出した。ただ、イントネーションが若干異なっていたような気がする。たしか、サ

もう帰るわ↘。
もう帰るわ↘。
もう帰るわ↗。
もう帰るわね。
もう帰るわよ。
もう帰るわよね？

トミは「もう帰るわ」の「わ」が上昇していたのに対して、サトシの場合は「わ」が下降していたようだ。もしかすると、同じ「わ」でも、女性が話す場合は「わ↗」のように上昇のイントネーションになるが、男性が話す場合は「わ↘」のように下降のイントネーションになるということかもしれない。「きっとそうだ。うん、我ながら、いい発見をした」と少しテンションが上がってきた。

「しかし…」ボクは気になる例を思いついてしまった。それは、(3)のような例だ。

(3)　もう帰るわね。

たとえば(3)は、サトミが言ってもまったく違和感がないが、サトシが言うと非常に違和感がある。(3)は、

「もう帰るわ」の直後に「ね」がついただけである。それだけなのに、どうしてサトミが言うと自然でサトシが言うと不自然になるのだろうか？

ボクはさらに例を増やして考えてみた。

(4)　もう帰るわよ。

(5)　もう帰るわよね？

「もう帰るわ」の後ろに、(4)では「よ」がついていて、(5)では「よ」と「ね」がついている。「よ」や「ね」は終助詞とよばれているが、「わ」の後ろに終助詞が続く場合、サトミが言うと自然なのにサトシが言うと不自然になる。どうやら、(6)のような隠れたきまりがあるらしい。

(6)　「わ」の後ろに終助詞が続く表現は、女性が使うと自然になるが男性が使うと不自然になる。

「わ」の後ろに終助詞が続く場合には、「わ」を「わ⤴」のように上昇のイントネーションにしたり、「わ⤵」のように下降のイントネーションにすることが難しい。このように「わ⤴」にも「わ⤵」にもならない「わ」は、原則として女性が使うことになっているのだろう。ところで、「もう帰るわ⤵」は、(2)でサトシが使っていた表現だが、サトミが使っても別におかしくはないだろう。このことから、「わ⤵」のような下降のイントネーションの「わ」は男性だけでなく女性も使える表現といえそうだ。

これまでのことを整理すると(7)のようになる。

(7)

「わ」のタイプ	女性	男性
わ⤴	○	×
わ⤵	○	○
わ＋終助詞	○	×

「もう帰るわ⤴」のように文が「わ⤴」で終わる表現は、女性が使うと自然になるが男性が使うと不自然になる。一方、「もう帰るわ⤵」のように文が「わ⤵」で終わる表現は、

女性が使っても男性が使っても自然になる。また、「わ」の後ろに終助詞が続く表現は、女性が使うと自然になるが男性が使うと不自然になる。このように、「わ」は女性がいつでも使える表現であるが、「わ↷」のように発音すれば男性にも使える表現になる。

それとなく小噺①　間違い…ない

刑事ドラマ。容疑者が取調室で尋問を受けている。「お前がやったのか?」刑事の質問に、容疑者は「それは、私がやったことに間違いはないが、間違いではない」と答える。容疑者は、自分が行った行為は認めたものの、その正当性を主張しているのだ。なかなか面白いドラマだが、容疑者のセリフ(=(1))が気になった。

(1)　それは、私がやったことに間違いはないが、間違いではない

「間違いはない」と「間違いではない」の違いは、「で」があるかないかだけだ。しかし、それらの順番を(2)のように変えると、意味不明なセリフになってしまう。

(2)　??それは、私がやったことに間違いではないが、間違いはない

「で」の有無がセリフにどのような影響を与えているのだろうか。ドラマよりそのことが気になりだした。

14 おくれない

突然ですが、問題です。(1)のひらがなの傍線部を漢字に直してください。

(1) おくれない

(2) おくれないで！

複数の答えを思いついた人もいるかもしれませんね。たとえば、「遅れない」や「送れない」や「贈れない」など。どれも正解です。

では、もう一問。(2)のひらがなの傍線部を漢字に直してください。

今度は、ほとんどの人が「遅れないで！」という答えしか思い浮かばなかったのではないでしょうか？ (1)の「おくれない」と(2)の「おくれないで！」では、「で！」があるかないかし

か異なっていませんね。それなのに、どうして「おくれないで！」の場合には、答えが「遅れないで！」一つに決まってしまうのでしょうか？　不思議ですね。

まず、⑵の「おくれないで！」に、⑶のように「遅れないで！」と⑷のように「送れないで！」をそれぞれあてて考えてみることにしましょう。

⑶　遅れないで！

⑷×送れないで！

⑵の「おくれないで！」に⑶のように「遅れないで！」をあてることはできますが、⑷のように「送れないで！」をあてることはできません。というのも、「送れないで！」といわれても、それが何を意味しているのかがまったくわからないからです。ただし、「送れない

で」という表現自体はもちろん文法的です。それは、たとえば「メールが正しく送れないで困った」などと言えることからもわかります。しかし、「送れないで」の最後に《命令文》を意味する「！」をつけたとたんに非文法的になってしまいます。一方、(3)のように「遅れないで」の最後に「！」をつけた場合なら文法的になります。「遅れないで！」ではなぜこのような違いがあるのでしょうか？ その秘密に迫っていきましょう。

実は、「遅れる」と「送れる」の内部構造の違いが重要なカギを握っています。「遅れる」と「送れる」の構造をそれぞれ(5)と(6)で示します。

(5) **遅れる** **okure-ru**（語幹 - 現在形）

(6) **送れる** **okur-re-ru**（語幹 - 可能 - 現在形）

「遅れる」と「送れる」では、送り仮名の「れる」の見かけや発音は同じですが、細かく見ると構造が異なっています。まず、(5)の「遅れる（okure-ru)」ですが、これは語幹のokureと現在形を表すruが合わさってできたものです。「語幹」とは動詞の意味の中心を表す、いわば動詞の心臓部です。一方、(6)の「送れる」は語幹の okur に《可能を表す re》がついて、さらに現在形を表す ru が合わさってできたものです（re の r は削除されます）。ここで重要なのは、(6)には《可能を表す re》が含まれているということです。

実は、日本語には、命令文に関して(7)のようなルールがあります。

(7) 可能表現をともなった動詞は命令文にはできない。

たとえば、ピーマンが食べられない子どもにむかって親が「ピーマンを食べられて！」と命令することはできません。それは、動詞「食べ」が可能表現の「られ」をともなっていて、(7)のルールに違反するからです。(4)の「送れないで！」が言えないのもこれとまったく同じ理由です。すなわち、動詞の「送れ（okur-re）」には可能表現の re が含まれているため、(7)のルールに違反して命令文にできないのです。

これに対して、(3)の「遅れないで！」は命令文として適切です。動詞の「遅れ（okure）」に含まれる re は(5)で示したように語幹の一部ですので、「遅れ」の中に可能表現の re は含まれていません。そのため、(7)のルールに違反することなく命令文にすることができるのです。

15 詰めものはいつ詰めた？

かかりつけの歯医者さんでのできごとです。

受け付けで、患者と受け付けの人がお話をしていました。患者が受け付けの人に「昨日歯に詰めたものが取れてしまった」と伝えているのを聞いて、私は「昨日の詰めものがまだちゃんと歯にくっつかないうちに、何か食べてしまったのだな」と心の中で思いました。患者が診察券を受け付けの人に手渡しました。受け付けの人はその診察券を見て、「しばらく来院されていませんね？」と患者に確認しました。患者がすぐに「はい」と答えたのを聞いて、私は「えっ？ どういうこと？」と少しパニックになりました。しばらく考えてからある解釈が浮かび、「あっ、そういうことか」と納得しました。

受け付けでの会話	待合室での「私」の心の中
患者：昨日歯に詰めたものが取れてしまったんですが。	**私**：詰めものがまだちゃんと歯にくっつかないうちに、何か食べてしまったんだな。
（患者が診察券を受け付けの人に手渡す） **受け付けの人**：しばらく来院されていませんね？ **患者**：はい。	**私**：えっ？　どういうこと？……① （しばらく考えてから） **私**：あっ、そういうことか。……②

ここでみなさんにお聞きします。私は最初なぜ①のように思ってしまったのでしょうか？　そして、私が思いついた②とはどのような解釈でしょうか？

まず、私がなぜ①のように思ってしまったのかですが、患者が受け付けの人に⑴のように伝えているのを聞いたとき、⑵のように思ったからです。

(1) 昨日歯に詰めたものが取れてしまった。

(2) 昨日歯に詰めたものが取れてしまった。

(2)は「歯に詰めものをしたのは昨日で、その歯の詰めものが今日になって取れてしまったこと」を表しています。私は(2)のように考えていたのですが、その後の患者と受け付けの人とのやり取りの中でその患者が昨日は来院していないことを知り、「えっ？ 昨日歯医者にきていないの？ どういうこと？」と不思議に思いました。落ち着いてしばらく考えていると、(3)のような状況が頭に浮かびました。

(3) 昨日 歯に詰めたもの が取れてしまった。

つまり、その患者が歯に詰めものをしたのは、昨日ではなくずっと以前のことで、昨日になって歯に詰めたものが取れてしまったという状況でした。たしかに、この状況なら患者と受け付けの人のやり取りがすべてわかります。私は(3)の解釈が頭に浮かんだので、②のように「あっ、そういうことか」と納得したのでした。

昨日歯に詰めたものが取れてしまった。
昨日
歯に詰めたものが取れてしまった。

このように、(1)の文は(2)の解釈だけでなく(3)の解釈もできる《曖昧文》であることがわかりました。では、(3)の解釈しかできないようにするにはどうしたらよいでしょうか？　それは、(1)の文を(4)のような文に変えればよいのです。

(4)　歯に詰めたものが昨日取れてしまった。（cf.(1)）

(1)と(4)を比べるとよくわかるのですが、異なっているのは文中での「昨日」の位置だけです。(1)では「昨日」が「歯に詰めたものが」の前にきていますが、(4)では「昨日」が「歯に詰めたものが」の後ろにきています。(4)の文は、(3)の「詰めたものが取れたのが昨日」という解釈にしかならず、(2)の「歯にものを詰めたのが昨日」という解釈にはなりません。

16 よく切れる

近くの一〇〇円ショップでキッチンバサミを買った。「まあ、値段も安いし、普通に切れればよしとするか」とあまり期待せず帰宅した。試しにそのハサミを使って冷蔵庫にあった牛肉を切ってみた。

⑴　**このハサミはよく切れる。**

思いのほかよい切れ味で大満足だった。私がハサミをもちながら悦に入っていると、妻がキッチンにやってきた。「あれっ、その牛肉、切っちゃったの?」不穏な空気が流れた。「えっ、このお肉切っちゃまずかったの?」「別に。でもそのお肉、やわらかいから切らないでそのままステーキにでもしようかと思ったんだけど…」妻はそう言うとキッチンから出ていった。

もしかすると、牛肉がよく切れたのはハサミのおかげではなく、やわらかい牛肉だったからかもしれない。

(2)　**この牛肉は　よく切れる。**

ただ、それだけのことだったのかもしれない。少ししょんぼりした。

(1)と(2)のことばを思い返してみた。(2)で何を切るのかといえば、もちろん「牛肉」だ。では、(1)では何を切るのか？　ハサミ？　いや、それはヘンだ。(1)と(2)ではどちらも「よく切れる」が使われているがその使い方が違っているようだ。(1)と(2)をそれぞれ(3)と(4)のように書いて比べてみた。

	切る道具	切る対象		
(3)	**このハサミは**		**よく切れる**	(cf.(1))
(4)		**この牛肉は**	**よく切れる**	(cf.(2))

(3)は「ハサミ」という《切る道具》については書かれているが、何を切るかという《切る

対象》については何も書かれていない。すなわち、(3)は《切る対象》が何であるかは伝えずに、《切る道具》であるハサミの性能がよいという意味で「よく切れる」が使われている。一方、(4)は「牛肉」という《切る対象》については書かれているが、《切る道具》については何も書かれていない。すなわち、(4)は《切る道具》が何であるかは伝えずに、《切る対象》の牛肉が切りやすいという意味で「よく切れる」が使われている。このように、同じ「よく切れる」という表現が含まれている文であっても、(3)と(4)のような違いがあるのだ。

そんなことをキッチンで考えていたら、中学生の息子がやってきた。何やら人差し指に血がにじんでいた。「どうしたの?」私が尋ねると、息子は「紙で切った」と答えた。新しいコピー用紙でスッと指を切ってしまったらしい。「紙はよく切れるからな」と私が言うと、息子は流しの水で指を洗いながら「うん」と言った。息子がキッチンを出て行ってから少したって、先ほど自分で言ったことばを思い返した。

(5) 紙はよく切れる。

先程は(5)を「紙で指が切れる」という意味で使ったが、「ハサミで紙が切れる」という意

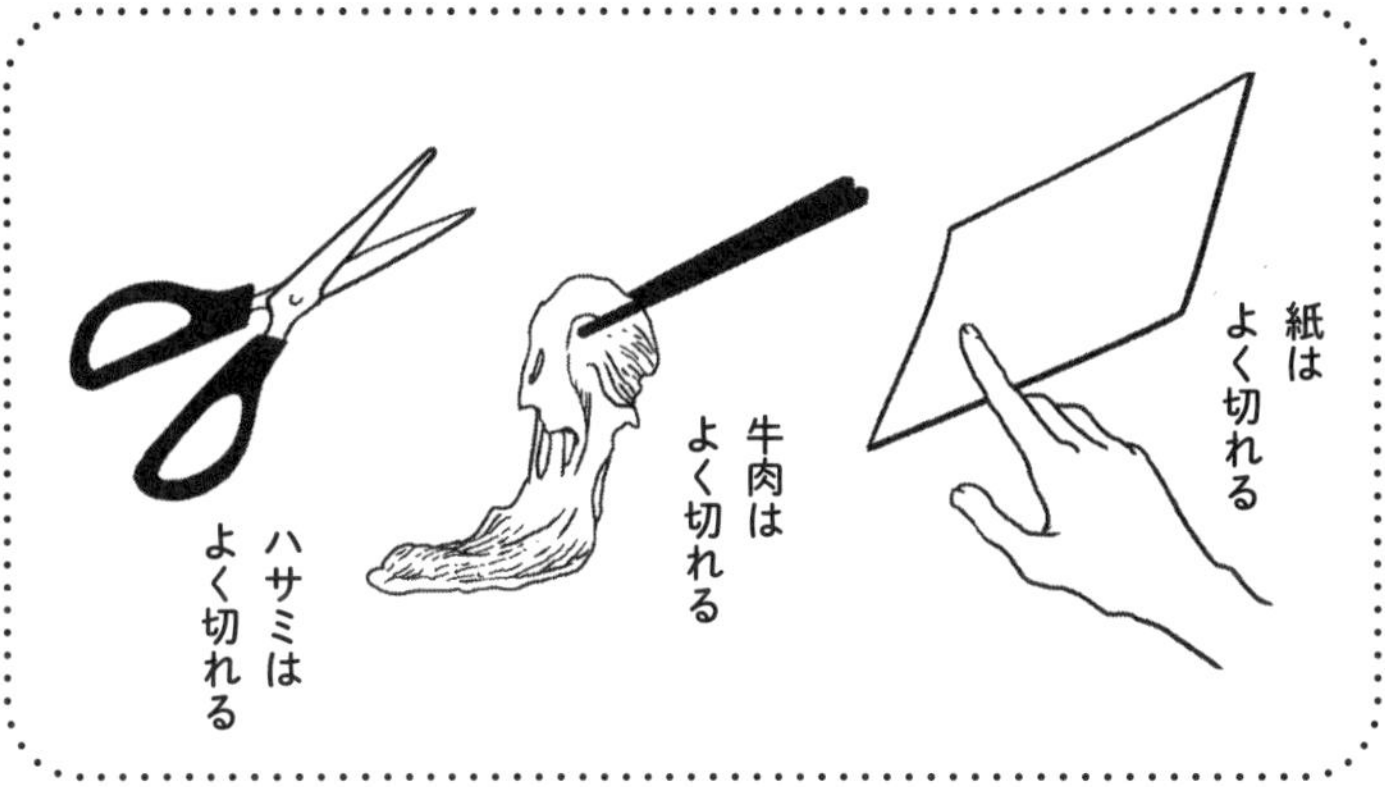

味でも同じ(5)の表現が使えそうだ。でもどうして、どちらの意味でも(5)が使えるのだろうか？　次の(6)と(7)を使って考えてみた。

(6)　**紙は**（切る道具）　＿＿（切る対象）　**よく切れる**
　　→　**紙はよく切れる**

(7)　＿＿（切る道具）　**紙は**（切る対象）　**よく切れる**
　　→　**紙はよく切れる**

(6)では「紙」が《切る道具》として捉えられている。《切る対象》の「指」は省略されていて文には表れていない。一方、(7)では「紙」が《切る対象》として捉えられている。《切る道具》の「ハサミ」は省略されていて文には表れていない。(6)と(7)から、「紙」は《切る道具》としても《切る対象》としても捉えられることがわかる。そうか、だから(5)は「紙で指が切れる」という意味でも「ハサミで紙が切れる」という意味でも使えるのか。

それとなく小噺②　雨戸と網戸

どんよりとした朝。私はいつものように雨戸を開けた。雨戸を開けると網戸がある。夏の間は虫よけで大活躍した網戸だが、冬の間は存在感が薄い。そのとき、ふと思った。雨戸（あまど）は雨（あめ）の戸で、網戸（あみど）は網（あみ）の戸だ、と。

雨戸　あまど＝あめ＋ど
網戸　あみど＝あみ＋ど

「雨戸」の「雨」は単独では「あめ」と読むが、「戸」がつくと「あま」と読む。一方、「網戸」の「網」は単独で「あみ」と読み、「戸」がついても変わらず「あみ」と読む。どうして「雨」は読み方が変わるのに、「網」は読み方が変わらないのだろうか？

雨戸をすべて開けると、小雨（こさめ）が降ってきた。この場合「雨」は「あめ」ではなく「さめ」と読む。「網」に「小」をつけると「小網」になるが、この場合「こあみ」と読み「こさみ」とは読まない。「雨」と「網」は、なぜこうも読み方が違うのだろうか？

17 ピーマンの肉詰め

みなさんは「ピーマンの肉詰め」という料理は好きでしょうか？ 私は大好きです。この料理を作るために、スーパーで「ピーマンの袋詰め」を買ってきました。台所で料理に取り掛かろうとしたときに、ふと(1)と(2)のことばの形がとても似ていることに気づきました。

(1) ピーマンの肉詰め

(2) ピーマンの袋詰め

(1)と(2)は、「肉」と「袋」の部分しか違っていませんが、表しているものはまったく異なっています。(1)と(2)をことばで説明するとややこしくなりそうなので、まずはイラストを見てみましょう。

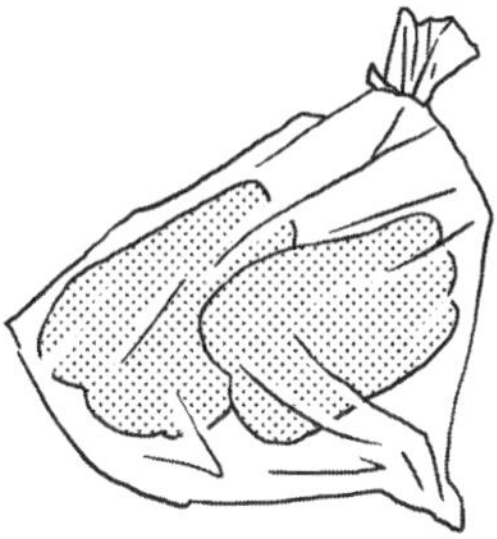

上のイラストのような状態はどちらもよく目にすると思います。(a)と(b)をことばで説明すると、それぞれ(3)と(4)のようになります。

(3)　(a)「ピーマンの肉詰め」とは
「ピーマンに肉を詰めたもの」

(4)　(b)「ピーマンの袋詰め」とは
「ピーマンを袋に詰めたもの」

(3)と(4)の説明で間違いありませんよね。言われてみれば「あたりまえ」と思うかもしれませんね。「それがどうしたの？」と思う人もいるでしょう。

では、もう一度(1)と(2)を読み直してみてください。それぞれ(5)と(6)のように解釈することも可能といえば可能ですよね？

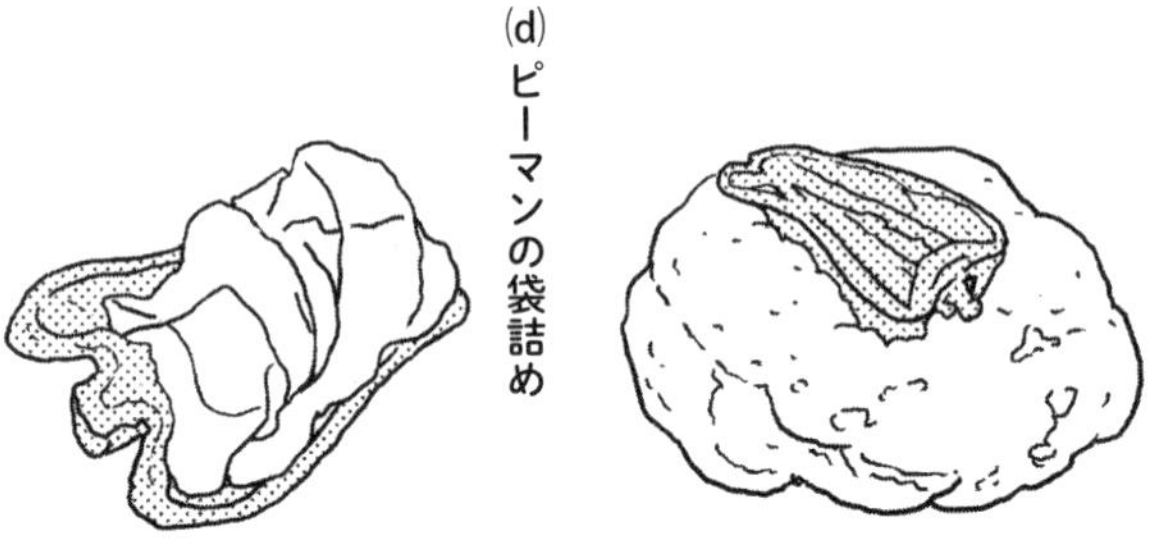

(5)「ピーマンの肉詰め」とは

「ピーマンを肉に詰めたもの」

(6)「ピーマンの袋詰め」とは

「ピーマンに袋を詰めたもの」

ただ、(5)と(6)のように解釈するのは、非常に難しいですよね。(5)と(6)の状態をイラストで表すと上のようになります。

(5)を表したものが(c)で、(6)を表したものが(d)です。どちらも不気味というか不思議というか、とてもヘンな感じがします。

これまでのことから、(7)と(8)のようにいうことができそうです。

(7)「ピーマンの肉詰め」は「ピーマンに肉を詰めたもの」と解釈するのが自然で、
「ピーマンを肉に詰めたもの」と解釈するのは不自然。

(8)「ピーマンの袋詰め」は「ピーマンを袋に詰めたもの」と解釈するのが自然で、
「ピーマンに袋を詰めたもの」と解釈するのは不自然。

どうして(7)や(8)のようになるのでしょうか。「詰める」という動詞には、「何をどこに詰めるのか」の「何を」と「どこに」という二つの情報が必要です。「詰める」の前に「肉」が現れた(1)の「ピーマンの肉詰め」では、私たちはその「肉」が「何を詰めるのか」の「何を」に当たると無意識に判断します。一方、「詰める」の前に「袋」が現れた(2)の「ピーマンの袋詰め」では、その「袋」が「どこに詰めるのか」の「どこに」に当たると無意識に判断します。このことから、(7)や(8)のようになるのです。

18 「飲め」そして「食べろ」

先輩と居酒屋に行った。見かけは少し怖いのだが、気持ちがとてもやさしい先輩で、「どんどん飲め」「たくさん食べろ」と言ってごちそうしてくれた。

先輩はほろ酔い気分で「オレが新入社員の頃はな…」と語りに入った。それを聞きながら私は、「飲む」の命令形は「飲め」で、「食べる」の命令形は「食べろ」だよな、とまったく関係ないことを考えていた。

先輩が昔話を熱く語っている間、私は「飲む」の命令形が「飲むろ」にならず、「食べる」の命令形が「食べれ」にならない理由を考えていた。

先輩がトイレで席を外した瞬間にバッグから紙を取り出して、「飲む－飲め」と「食べる－食べろ」をそれぞれローマ字に直して表にしてみた。

nom-u（飲む）のuは現在形を表しているのだろう。元々

	食べる	飲む
現在形	tabe-ru	nom-u
命令形	tabe-ro	nom-e

の現在形はru（る）だったはずだ。でも、nom-ruになるとmrの連鎖が発音できないからrが省略されてnom-uになったのだろう。もしかすると同じような省略が命令形でも起こっているのかもしれない。つまり、nom-e（飲め）のeは元々はreという形をしていたのだが、nom-reではmrの連鎖が発音できずにrが省略されてnom-eになったのだろう。右の表で元々あったrを復元して示すと左の表のようになる。

この表から、日本語にはreとroのように形がよく似た二種類の命令形があることがわかる。ここで、nomのように子音（m）で終わっている動詞（「子音動詞」とよぼう）にはreがつき、tabeのように母音（e）で終わっている動詞（「母音動詞」とよぼう）にはroがつくという仮説を立ててみよう。そうすると、nomにroがつくことはないので、nom-ro（飲むろ）のような命令形があり得ないことや、tabeにreがつくことはないので、tabe-re（食べれ）のような命令形があり得ないことが説明できる。先輩がトイレから戻ってきた。この仮説が他の動詞でも成り立つか、家に帰ってから確かめるとしよう。

	食べる	飲む
現在形	tabe-ru	nom-ru
命令形	tabe-ro	nom-re

帰宅した。ほろ酔い気分だが、さきほどの仮説が正しいか調べたくなった。命令形をつくるときに、子音動詞には re がつき、母音動詞には ro がつくという仮説は正しいのだろうか。このことを確かめるために、同じ「かえる」と発音する二つの動詞を使って考えてみた。

(1) 帰る kaeru (= kaer-ru)

(2) 変える kaeru (= kae-ru)

「帰る」も「変える」もどちらも kaeru と発音する。しかし、「帰る (kaer-ru)」の過去形が「帰った (kaer-ta)」であり、「変える (kae-ru)」の過去形が「変えた (kae-ta)」であることを考えると、「帰る」は kaer と ru からできているのに対して、「変える」は kae と ru からできていると考えられる。つまり、「帰る」は子音動詞 (kaer) で、「変える」は母音動詞 (kae) ということになる。

子音動詞「帰る」と母音動詞「変える」を使って、先程の仮説がそれぞれの命令形を正しく予測するか調べてみよう。

(3) a. 帰れ kaer-re
b. ×帰ろ ×kaer-ro

(4) a. ×変えれ ×kae-re
b. 変えろ kae-ro

子音動詞「帰る」を命令形にするときは、reがつくので(3a)のように「帰れ」となるが（reのrは削除される）、roはつかないので(3b)のように「帰ろ」にはならない。一方、母音動詞「変える」にはreがつかないので(4a)のように「変えれ」とはならず、roがつくので(4b)のように「変えろ」となる。やはり、仮説は正しかったのだ。酔いはすっかりさめたが、顔はまだほてっていた。

19 大谷選手が取り上げられた

「英語の教科書に大谷選手が取り上げられた」と聞きました。想像するに、次のページの右のイラストのような感じの教科書なのでしょう。

ところで、「英語の教科書に大谷選手が取り上げられた」の文中の「に」を「を」に替えると、「英語の教科書を大谷選手が取り上げられた」という文になりますね。そのことを絵にすると、左のイラストのような感じになるのではないでしょうか？

文中の「に」を「を」に替えただけなのに、意味が劇的に変わってしまいましたね。いったいなぜ、これほどまでに意味が変わってしまったのでしょうか？

「英語の教科書に大谷選手が取り上げられた」と「英語の教科書を大谷選手が取り上げられた」の違いは、一見すると助詞の「に」と「を」の違いのようにみえます。しかし、それが重要なのではありません。これら二つの文はどちらも「取り上げられた」となっている受動文ですが、二つの受動文はもとになった能動文が異なっています。そのことが重要なのです。

まず、「英語の教科書に大谷選手が取り上げられた」（＝(1a)）を見てみましょう。

(1) a．英語の教科書に大谷選手が取り上げられた。（受動文）

b．英語の教科書に大谷選手を取り上げた。（もとになった能動文）

(1a)の受動文は(1b)の能動文がもとになっています。(1b)の能動文の「大谷選手を」という目的語が、(1a)の受動文では「大谷選手が」という主語になっています。このように「大谷選手を」のような助詞の「を」をともなう目的語が受動文の主語になる例はよくあります。

つぎに、「英語の教科書を大谷選手が取り上げられた」（＝(2a)）を見てみましょう。

(2) a．英語の教科書を大谷選手が取り上げられた。（受動文）

b. 大谷選手から英語の教科書を取り上げた。（もとになった能動文）

(2a)の受動文は(2b)の能動文がもとになっています。注目してほしいのは、(2b)の能動文の「大谷選手から」という目的語ではないものが、(2a)の受動文では「大谷選手が」という主語になっているところです。このように「大谷選手から」のような、助詞の「から」をともなう名詞が受動文の主語になる例は非常にまれです。

このような受動文の成り立ちの違いに加えて、(1)と(2)の「取り上げる」の意味もそれぞれ異なっています。(1)の「取り上げる」は「問題として扱う」というような意味なのに対して、(2)の「取り上げる」は「相手のもっているものを無理に奪う」というような意味です。受動文の成り立ちの違いと「取り上げる」の意味の違いがあいまって、「英語の教科書に大谷選手が取り上げられた」と「英語の教科書を大谷選手が取り上げられた」の意味の違いが生じているのです。

それとなく小噺③　「見たかった」と「見つかった」

ボクは、若い頃の祖父に似ているらしい。祖父を知る人はボクの顔を見て「おじいちゃんに似ているね」と言う。だから、ボクは若い頃の祖父の写真がずっと見たかった。先日、偶然、若い頃の祖父の写真が見つかった。なるほど、ボクとおじいちゃんは似ている。写真を眺めながら、ふと「見たかった」と「見つかった」ということばも似ていると思った。

(1)　見たかった
(2)　見つかった

(1)と(2)で異なっているのは「た」と「つ」の1文字だけ。たしかに似ている。でも、「見たかった」を現在形に変えると「見たい」になるが、「見つかった」を現在形に変えると「見つかる」になる。「見たい」と「見つかる」では似ても似つかない。おもしろい。

若い頃のおじいちゃんと今のボクは似ているけれど、ボクが年をとったらおじいちゃんとは似ても似つかなくなるかもしれない。これもまたおもしろい。

20 「食べすぎ」と「食べまくり」にはご注意

健康でいるためには、よく寝て、よく食べることが重要です。ただし、「食べすぎ」や「食べまくり」はもちろんダメですよ！

ところで、「食べすぎ」は、動詞の「食べすぎる」の「る」を削除してできた名詞形だと考えられます。では、「食べまくり」はどうでしょうか。「食べまくる」の「る」を削除すると「食べまく」のような意味不明のことばになってしまいますね。次の表を見てください。

（表1）

動詞	名詞形	
食べすぎる	食べすぎ	×食べすぎり
食べまくる	×食べまく	食べまくり

「食べすぎる」の名詞形として「食べすぎ」はいいのですが、「食べすぎり」はダメです。

一方、「食べまくる」の名詞形として「食べまく」はダメですが、「食べまくり」はいいで

す。どうしてこのようになるのでしょうか。

まず、「食べすぎる」ですが、「すぎる」をローマ字で書くと sugiru となります。現在形が「すぎる（sugi-ru）」で、過去形が「すぎた（sugi-ta）」であることを考えると、sugi が動詞の中心部分（この部分を「語幹」とよびます）と考えられます。語幹の sugi は母音(i)で終わることから「母音動詞」とよばれています。母音動詞の sugi はそのままの形で名詞形になります。

つぎに、「食べまくる」ですが、「まくる」をローマ字で書くと makuru となります。現在形が「まくる（makur-ru）」で、過去形が「まくった（makur-ta）」であることを考えると、makur が語幹と考えられます（なお、現在形の makur-ru は ru の r が省略されて makur-u となり、過去形の makur-ta は makur の r が t に替わり makut-ta となります）。さて、語幹の makur

ですが、子音（r）で終わっていることから、「子音動詞」とよばれています。子音動詞のmakurは直後にiがつくことで名詞形になります。

　これらのことから、つぎの二つの仮説が浮かび上がってきます。

(1)　母音動詞の語幹は、そのままで名詞形になる。
(2)　子音動詞の語幹は、iがつくと名詞形になる。

(1)と(2)の仮説が正しいのか、他の例をみながら検証していきましょう。

（表2）

動詞	名詞形	
食べ始める	食べ始め	×食べ始めり
食べ終わる	×食べ終わ	食べ終わり

「（食べ）始める」は、現在形が「始める（hajime-ru）」で、過去形が「始めた（hajime-ta）」なのでhajimeが語幹になります。hajimeは母音（e）で終わる母音動詞です。語幹のhajime

のままで名詞形「(食べ)始め」になるので、仮説(1)が正しいことがわかります。さらに、「(食べ)終わる」は、現在形が「終わる(owar-ru)」で、過去形が「終わった(owar-ta)」なのでowarが語幹になります。owarは子音(r)で終わる子音動詞であり、後ろにiをつけると「(食べ)終わり(owari)」という名詞形ができるので、仮説(2)が正しいことがわかります。

(1)と(2)の仮説の正しさを、他の例でも確認してみましょう。

(表3)

動詞	名詞形	
食べかける	食べかけ	×食べかけり
食べのこす	×食べのこ	食べのこし

「(食べ)かける」は、現在形が「かける(kake-ru)」で過去形が「かけた(kake-ta)」なのでkakeが語幹になります。kakeは母音(e)で終わる母音動詞です。語幹のkakeのままで名詞形「(食べ)かけ」になるので、仮説(1)が正しいことがわかります。さらに、「(食べ)のこす」は、現在形が「のこす(nokos-ru)」で過去形が「のこした(nokos-ita)」なので

nokosが語幹になります。nokosは子音（s）で終わる子音動詞であり、後ろにiをつけると名詞形「（食べ）のこし（nokosi）」ができるので、仮説⑵が正しいことがわかります。

「食べ始め」と「食べ終わり」にはきちんと挨拶して、「食べかけ」や「食べのこし」で席を離れることのないように、マナーを守りましょうね。

それとなく小噺④　ナンパか？　セールスか？

私は都内に勤めるＯＬ。今日は営業であちこちの会社を歩き回っている。通りを歩いていると「すみません」と声をかけられた。若い男性、笑顔がさわやかだ。

「ご一緒にコーヒーはいかがですか？」

ナンパだ。私は「いいえ、仕事中ですから」と断った。

お昼近くになり、さすがに足が疲れた。おなかもすいたので近くのファストフード店に入った。

「ハンバーガー1つください」そう言うと若い店員が、

「ご一緒にコーヒーはいかがですか？」

と勧めてきた。「はい、お願いします」そう答えた。席につきハンバーガーをほおばりながら、「あれっ？」と思った。お昼前に通りで会った男性も、さっき接客してくれた店員も同じことばを言っていたな。

でも、意味が違う。意味の違いはどこからくるのか。コーヒーを飲みながら、少し考えてみることにした。

21 誰似？

みなさんは父親と母親のどちらかに似ていると言われたことはありませんか？ 次の(1)の文中に出てくる「私」も「似ている」と言われたそうです。さて、「私」は父親と母親のどちらに似ているのでしょうか？

(1) 私は父親に母親に似ていると言われた。

(1)を読んで、みなさんは、「私」は母親に似ていると思ったのではないでしょうか。つまり、(1)の「私」は「母親似」という解釈です。では、今度は、(2)の文を読んでみてください。(2)の文中に出てくる「私」は、父親と母親のどちらに似ているのでしょうか？

(2) 私は母親に父親に似ていると言われた。

私は父親に
母親に似ている
と言われた。
私は母親に
父親に似ている
と言われた。

(2)を読んで、今度は「私」は父親に似ていると思ったことでしょう。つまり、(2)の「私」は「父親似」という解釈です。

(1)の文と(2)の文を比べてみてください。どちらの文もまったく同じ「私は」、「父親に」、「母親に」、「似ている」、「と」、「言われた」の語句でつくられていますね。ただ、語句の順序だけが違っています。しかし、それだけの違いで「私」が誰似であるかが変わってしまいます。どうして「私」が誰似であるかが変わってしまうのでしょうか？

まず、(1)の文から考えてみましょう。「似ている」という動詞は「○○に」と結びついて「○○に似ている」のようなセットをつくります。(1)では「母親に」と「似ている」が結びついて「母親に似ている」というセットをつくっています。このため、「私」は母親似だと捉えられるのです。ところで、⑴の文にはもう一つ「○○に」がありますよね。それは「父親に」です。しかし、この「父親に」は「言われた」と強く結びついて「父親に言われた」というセットをつくっています。このようなセットは、目に見えない赤外線のような線で結ばれています。⑴の文には二本の線が張り巡らされています。その二本の線を目に見える形で表したのが⑶です。

⑶　私は　父親に　母親に　似ている　と　言われた。（＝⑴）

⑶では、「父親に」が「言われた」と一本の線で結ばれてセットになり、一方、「母親に」が「似ている」ともう一本の線で結ばれてセットになっています。私たちはこのような二本の線を心の中で見ているのです。今度は、ちょっと意地悪?に、「父親に」を「似ている」と結び、「母親に」を「言われた」と結んでみましょう。そうすると⑷のようになります。

⑷　私は　父親に　母親に　似ている　と　言われた。（cf.⑶）

(4)のようにすると、二本の線が交差してしまいますね。こうなると心の中で混線が起こります。私たちの頭の中では、(4)のような二本の線が交差する関係を無意識に避け、(3)のような交差しない関係を採用します。このため、(1)の文で「私」を父親似とする解釈はどうしてもとれなくなります。

つぎに、(2)の文を考えてみましょう。(2)の文にも二本の線が現れます。

(5)　私は　母親に　父親に　似ている　と　言われた。　（＝(2)）

(5)では、「母親に」が「言われた」と一本の線で結ばれていて、「父親に」が「似ている」ともう一本の線で結ばれています。二本の線は交差していないので心の中で混線することなく、「私」が父親似であることが簡単にわかります。もし「母親に」を「似ている」と結び、「父親に」を「言われた」と結んでしまうと、二本の線は交差し、心の中で混線が生じます。

(6)　私は　母親に　父親に　似ている　と　言われた。　（cf. (5)）

「母親に」と「似ている」を線で結ぼうとすると、もう一方の「父親に」と「言われた」を結ぶ線と交差してしまいます。このため、「母親に」と「似ている」を線で結ぶことはできず、したがって、(2)の文で「私」を母親似とする解釈はどうしてもできないのです。

それとなく小噺⑤　なか4つ

秋が来た。カナカナと鳴いていたあのセミたちはもういない。こんどは自分たちの番だといわんばかりに、秋の虫が歌い始めた。秋の訪れを知らせてくれる虫の声。でも、今年は例年より鳴き始めが少し遅い気がした。そう、なかなか鳴かなかった。

なかなかなかなかなかった。

すべてひらがなで書いてみた。「なか」が4つ並んでいる。ちょっとおもしろい。息継ぎをして読むとしたら、2つ目と3つ目の「なか」の間でしか息継ぎできない。

なかなか、なかなかなかった。

たんなる「なか」の繰り返し。でも、そこに私たちは何かを感じている。今夜も虫の歌がよく聞こえる。

22 学校に行っていない

「駿介は学校に行っていない」（＝(1)）と言われたら、駿介は今どこにいると思いますか？

(1) 駿介は学校に行っていない。
① 学校にいる（自宅にはいない）
② 自宅にいる（学校にはいない）

実は、(1)は①と②のどちらの意味でも使えます。たとえば、あなたが駿介君の家に電話をかけて駿介君がいるか尋ねたとしましょう。そのとき、駿介君のお母さんが「駿介は学校に行っていない」と不在を告げた場合には、①の意味になります。つまり、「駿介は学校に行っていて、自宅にはいない」という意味になります。ところが、お昼ごろ玄関に駿介の靴があるのを見つけたお母さんが「駿介は学校に行っていない」とつぶやいた場合には、

学校にいる（自宅にはいない）
自宅にいる（学校にはいない）

②の意味になります。つまり、「駿介は学校には行っておらず、自宅にいる」という意味になります。このことから、「駿介は学校に行っていない」とだけ言われても、駿介が今学校にいるのか、それとも自宅にいるのかはわからないのです。

では、⑴の文を⑵のように変えたらどうなるでしょうか？

⑵　駿介は学校に行って、いない。

①　学校にいる（自宅にはいない）

②×自宅にいる（学校にはいない）

⑵では、「行って」と「いない」の間に読点（、）が置かれています。⑵は①の意味にはとれますが、②の意味でとることはできません。つまり、⑵は「駿介は学

校に行っていて、自宅にはいない」という意味にしかとれないのです。どうして(2)は①の意味にはとれるのに、②の意味ではとれないのでしょうか。この疑問に答える前に次の(3)を見てみましょう。

(3)　駿介は学校に行ってない。

①×学校にいる（自宅にはいない）

②　自宅にいる（学校にはいない）

(3)では、「行っていない」の「行って」と「ない」の間にある「い」が省略されています。(3)は②の意味にはとれますが、①の意味でとることはできません。つまり、(3)は「駿介は学校には行っておらず、自宅にいる」という意味にしかとれないのです。どうして(3)は②の意味にはとれるのに、①の意味ではとれないのでしょうか。

疑問がいくつも出てきてしまって、少しモヤモヤしますね。ここで、問題を解決してしまって、すっきりしましょう。まず、(1)が①と②の二通りの意味にとれるのは、「学校に行っていない」ということばが(4)と(5)の二通りに分解できるからです。

(4)　学校に行って－[い]－ない　(＝自宅にはいない)

(5)　[学校に行ってい]－ない　(＝学校にはいない)

(4)では「学校に行っていない」が、「学校に行って」と「い」と「ない」の三つに分解されています。(4)の否定を表す「ない」は直前の「い」と結びついています。このため、「いない」、すなわち「自宅にはいない」という意味になります。これに対して、(5)では「学校に行っていない」が、「学校に行ってい」と「ない」の二つに分解されています。(5)の否定を表す「ない」は「学校に行ってい」全体と直接結びついています。このため、「学校に行ってい」が否定されて「学校にはいない」という意味になります。

このことがわかると、(2)と(3)の例も説明できます。(2)のような「学校に行って、いない」の場合には、否定を表す「ない」は直前の「い」とだけ結びつきます。このため、「いない」、すなわち「自宅にはいない」という意味だけになります。一方、(3)の「学校に行ってない」では、「ない」の直前に「い」がないので、「学校に行って」全体と直接結びつくことになります。このため、「学校に行って」が否定されて「学校にはいない」という意味だけになるのです。

23 置き忘れた

クリスマスの朝、目を覚ました子どもが枕元にあるプレゼントを見つけて、「わぁー！」と声に出して喜ぶ。そんな子どもの笑顔が見てみたい。そう思ってお父さんは会社帰りにプレゼントを買いました。ところが…やってしまいました。なんとプレゼントを「置き忘れて」しまったのです。

ここでみなさんにお尋ねします。次の(1)と(2)の「置き忘れ」、どちらがショックでしょうか？

(1) 電車の網棚にプレゼントを置き忘れた。

(2) 子どもの枕元にプレゼントを置き忘れた。

どちらも相当ショックですよね。

(1)と(2)ですが、それぞれ(3)と(4)のように言い替えることができます。

電車の網棚に
プレゼントを置き忘れた。
子どもの枕元に
プレゼントを置き忘れた。

(3)　電車の網棚にプレゼントを置いたのを忘れた。（＝(1)）

(4)　子どもの枕元にプレゼントを置くのを忘れた。（＝(2)）

つまり、(1)の「置き忘れた」は(3)の「置いたのを忘れた」という意味で、一方、(2)の「置き忘れた」は(4)の「置くのを忘れた」という意味です。このように同じ「置き忘れた」という表現でも違った意味になります。

ところで、(5)のような状況もお父さんにはかなりショックだと思います。

(5)　プレゼントを買い忘れた。

(5)は(6)の意味であって、(7)の意味ではありません。

(6)　**プレゼントを買うのを忘れた。**

(7)　**プレゼントを買ったのを忘れた。**

「買い忘れた」は「買うのを忘れた」の意味であって、「買ったのを忘れた」の意味ではないということです。

最初に見た「置き忘れた」は「置いたのを忘れた」の意味でも「置くのを忘れた」の意味でもとれました。それに対して、「買い忘れた」は「買うのを忘れた」の意味ではとれるのですが、「買ったのを忘れた」の意味ではとることができません。どうしてでしょうか？

一般的に「動詞－忘れた」という表現は、「動詞**する**のを忘れた」という意味をもち、「動詞**した**のを忘れた」という意味はもちません。つぎの例を見てください。

(8)　**ケーキを食べ忘れた。**

(9)　**シャンパンを飲み忘れた。**

(10)　**クリスマスツリーを出し忘れた。**

(8)は、「ケーキを食べるのを忘れた」という意味にはとれますが、「ケーキを食べたのを忘れた」という意味にはとれません。同じように、(9)は、「シャンパンを飲むのを忘れた」という意味にはとれますが、「シャンパンを飲んだのを忘れた」という意味にはとれません。さらに、(10)は、「クリスマスツリーを出すのを忘れた」という意味にはとれますが、「クリスマスツリーを出したのを忘れた」という意味にはとれません。このように、「動詞－忘れた」は、基本的に「動詞するのを忘れた」という意味であって、「動詞したのを忘れた」という意味にはとれないのです。ところが、「動詞－忘れた」の表現で「動詞したのを忘れた」という意味にとれる例外があります。その例外が「置き忘れる」だったのです。

クリスマスの朝、プレゼントがもらえずがっかりした息子が私のところにきてこう言いました。

(11)　**枕元に靴下を置き忘れたから、プレゼントがもらえなかったんだ。**

「そうじゃないんだ。ごめんよ」心の中で謝りながら、「来年こそプレゼントを置き忘れない」と固く誓った。

24

「ゆでた卵」と「ゆで卵」

突然ですが、みなさん、「ゆでた卵」と「ゆで卵」は何が違うか知っていますか？ 左上の写真が「ゆでた卵」で、左下の写真が「ゆで卵」です。

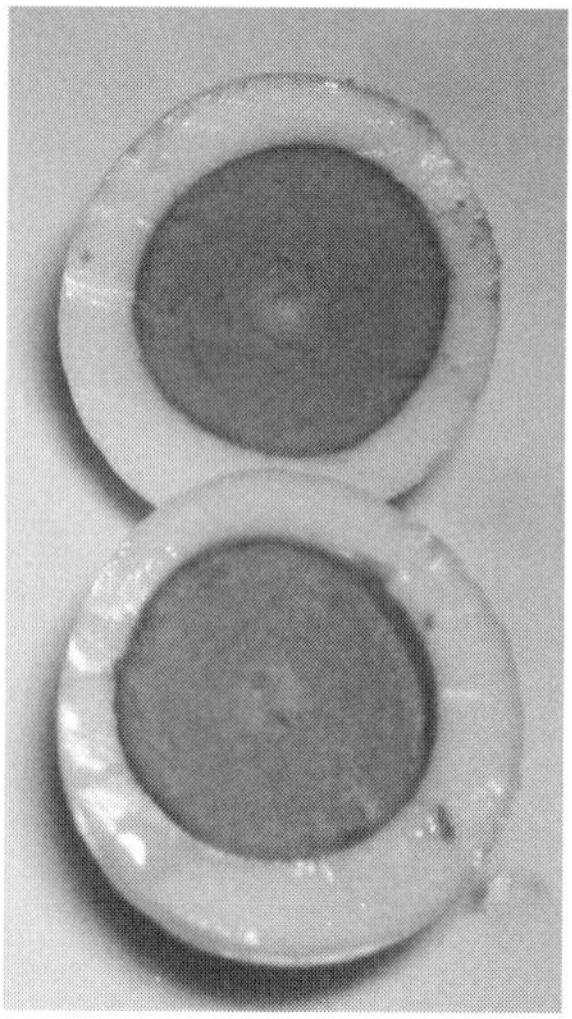

ウソです（笑）。右の二つの写真はどちらも「ゆでた卵」であり「ゆで卵」でもあります。では「ゆでた卵」と「ゆで卵」は何が違うのでしょうか。正解は「言い方が違う」です。「は？ 何言ってんの？（怒）」ですよね。怒らせてしまってごめんなさい。実は、言い方の違いの背後には、単語の内部の構造の違いが隠れています。つまり、「ゆでた卵」と「ゆで卵」は《単語の内部の構造》が違っているのです。この違いについて、これから詳しく説明していきます。

まず、「ゆでた卵」と「ゆで卵」は品詞でいうと、両方とも名詞です。では、その二つの名詞の前に「固く」という副詞を置いて比べてみましょう。

(1) 固くゆでた卵

(2) ×固くゆで卵

(1)のように「ゆでた卵」の前に「固く」を置くことはできますが、(2)のように「ゆで卵」の前に「固く」を置くことはできません。どうしてでしょうか？ まず、「固く」という副詞の性質を見てみましょう。

「固く」はたとえば「決心した」のような動詞とペアを組むことができます。このことは、「固く決心した」と言えることからもわかります。しかし、「固く」は「決心」のような名詞とはペアを組むことができません。「固く決心」などとは言えませんよね。つまり、「固く」は動詞とはペアを組めますが、名詞とはペアを組めないということです。

以上を踏まえて、(1)と(2)で何が起こっているかを詳しく見ていきましょう。(1)の「固くゆでた卵」ですが、「固く」は何とペアを組んでいるかわかりますか？ 正解は「ゆでた」です。「ゆでた」は「私は卵をゆでた」のように動詞として働きます。「固く」は、動詞とペアを組めますから、動詞の「ゆでた」とペアを組むことになります。「固くゆでた」は、さらに「卵」と合わさって「固くゆでた卵」という大きな名詞となります。一方、(2)の「固くゆで卵」ですが、この表現には「固く」がペアを組める動詞がありません。というのも、「ゆで」は「×私が卵をゆで」のように動詞としては使えませんし、「卵」も動詞ではないからです。「固く」がペアを組む相手がないことから、「固くゆで卵」という表現は非文法的となります。なお、「ゆで卵」は、「ゆで」と「卵」が非常に強く結びついていて、これ以上分離できない一つの名詞となっています。(1)と(2)の「単語の内部の構造」を図で示すと次のようになります。

(3)

(4)

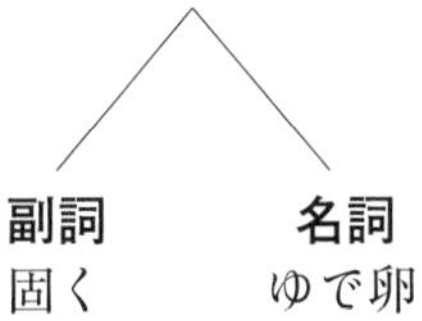

(3)は(1)の構造を表しています。副詞の「固く」は動詞の「ゆでた」とペアになっています。その「固くゆでた」がさらに名詞の「卵」とペアになり、全体として「固くゆでた卵」という名詞になっています。(3)で副詞の「固く」と動詞の「ゆでた」がきちんとペアをなしているので、(1)は文法的になります。つぎに(4)ですが、これは(2)の構造を表しています。この構造では、

副詞の「固く」はペアになる動詞がないため、動詞以外（つまり名詞の「ゆで卵」）とペアを組まざるを得ません。しかし、そのようなペアは正しいペアではないため、(2)は非文法的となります。

「ゆでた卵」と「ゆで卵」は、見た目では違いがわかりません。しかし、「ゆでた卵」は「ゆでた」と「卵」が合わさってできた名詞なのに対して、「ゆで卵」の「ゆで」と「卵」は最初から不可分の一つの名詞です。「ゆでた卵」と「ゆで卵」には目に見えない構造的な違いがあるのです。

それとなく小噺⑥　学食のメニュー

久しぶりに学食に行った。「秋メニュー登場!」というポスターが貼ってあった。何か新しいメニューが加わったみたいだ。そういえばメニュー表も変わっている。そう思いながら券売機の前で並んだ。並びながら、ふと、次の2つの文が気になりだした。

(1)　学食にあるメニューが加わった。
(2)　学食にあるメニューが変わった。

(1)と(2)を口に出して読むと、ポーズをおく位置が微妙に異なる。ポーズをおく位置に「、」をつけてみると、次のようになる。

(1)　学食に、あるメニューが加わった。
(2)　学食にあるメニューが、変わった。

(1)と(2)で異なっているのは「加」と「変」の1文字だけだ。それだけなのにどうしてポーズをおく位置が微妙に異なるのだろう。「おい、食券買わないのか?」という友達の声に、はっとして我に返った。

25 パパが見えるところで遊んでね

休日の公園。たくさんの子どもたちが遊んでいます。滑り台やブランコ、お砂場にミニアスレチック、子どもにとって魅力的な遊具ばかりです。

「パパ、むこうで遊びたいよ」
「いいよ。でもパパが見えるところで遊んでね」
「うん、わかった」

そういうと、三つになったばかりの息子は、走っていきました。
子どもの動きは大変速く、ずっと追いかけているると目が回ってしまいそうです。携帯のメールを確認してすぐに、息子が駆けていった方を眺めました。しかし息子の姿が見えません。

――おや、どこへ行ったのだろう――

しばらくあたりを見回してから、滑り台やブランコ、お砂場まで探しました。しかし、どこにもいません。心配になって、「うーたん、どこ？」と息子の名前を呼びながら探していると、アスレチックの壁の反対側からひょいと、うーたんが現れました。私は息子に強い口調で注意しました。

「うーたん、「パパが見えるところで遊んでね」って言ったよね」

息子は叱られて、半べそをかきながらこう言いました。

「うん、だからボク、パパのこと、ここからずっと見てたよ」

息子が見つかって本当によかった。落ち着いてしばらくすると、さっきの私と息子のことばの行き違いが気になりだしました。私は息子に「パパが見えるところで遊んでね」と言ったが、それは(1a)のような意味でした。

(1)【私の意図した意味：パパ ↓《見える》 うーたん】

a. パパが うーたんが 見える

b. パパが ~~うーたんが~~ 見える

c. パパが 見える

(1a)は言い替えると「私（パパ）が息子（うーたん）の姿を見ることができる」という意味を表しています。(1a)の「うーたんが」を(1b)のように省略すると、(1c)のように「パパが見える」になります。

一方、息子の解釈は私の意図とは違っていました。息子の解釈は(2a)のようでした。

(2)【息子の解釈：うーたん ↓《見える》 パパ】

a. うーたんが パパが 見える

b. ~~うーたんが~~ パパが 見える

c. パパが 見える

(2a)は言い替えると「息子（うーたん）が私（パパ）の姿を見ることができる」という意味を表しています。(2a)の「うーたんが」を(2b)のように省略すると、(2c)のように「パパが見える」になります。

(1c)と(2c)を比べると、どちらも「パパが見える」という同じ文になっています。つまり、「パパが見える」という文は「パパがうーたんの姿を見ることができる」という意味にも「うーたんがパパの姿を見ることができる」という意味にもとることができるのです。私の意図と息子の解釈は同じではなかったけれど、息子は自分の解釈通り、しっかりと約束を守っていたのだと気づきました。「ごめんよ、私がそのことに気づかずに叱ってしまって」遠くで遊ぶ息子に謝りました。

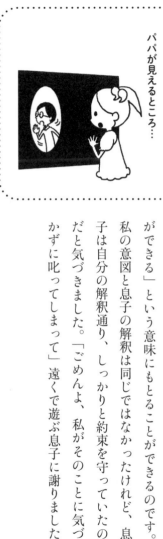

26 大きいエビフライ

我が家の今夜の夕食。メインディッシュは「大きいエビフライ」だ！ほんと、おっきい。でもフライの衣の中は…エビ、小っちゃ（驚）「エビフライあるある」だ。こんなエビフライをお店で出したらクレームの嵐だよなぁ…

いや待てよ。《大きいエビフライ》というネーミングなら、エビが小っちゃくても文句は言えないか。だって、《大きいエビフライ》って、エビフライの大きさをいっているわけで、エビの大きさについてはとくに何も言っていないのだから。だけど、もし《大きいエビのフライ》というネーミングだったらどうだろう？エビが小っちゃかったら、文句がたくさんくるんじゃないかな。《大きいエビのフライ》の場合、お客さんは次のページの左のイラストのようなエビフライを期待するだろうから。

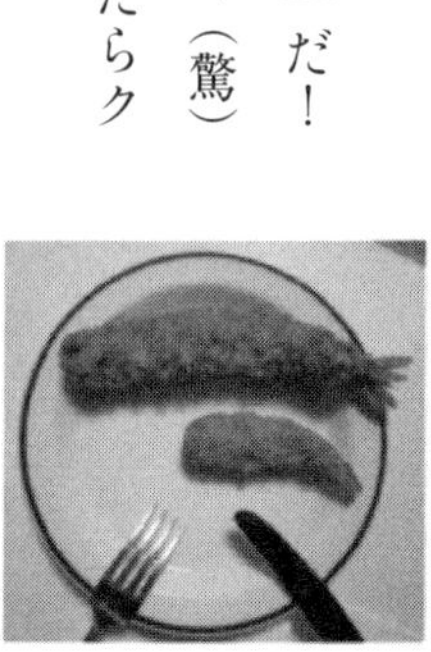

《大きいエビフライ》と《大きいエビのフライ》では、「の」があるかないかの違いしかない。それだけの違いなのに、エビの大きさの期待度が違うのはいったいどうしてだろ

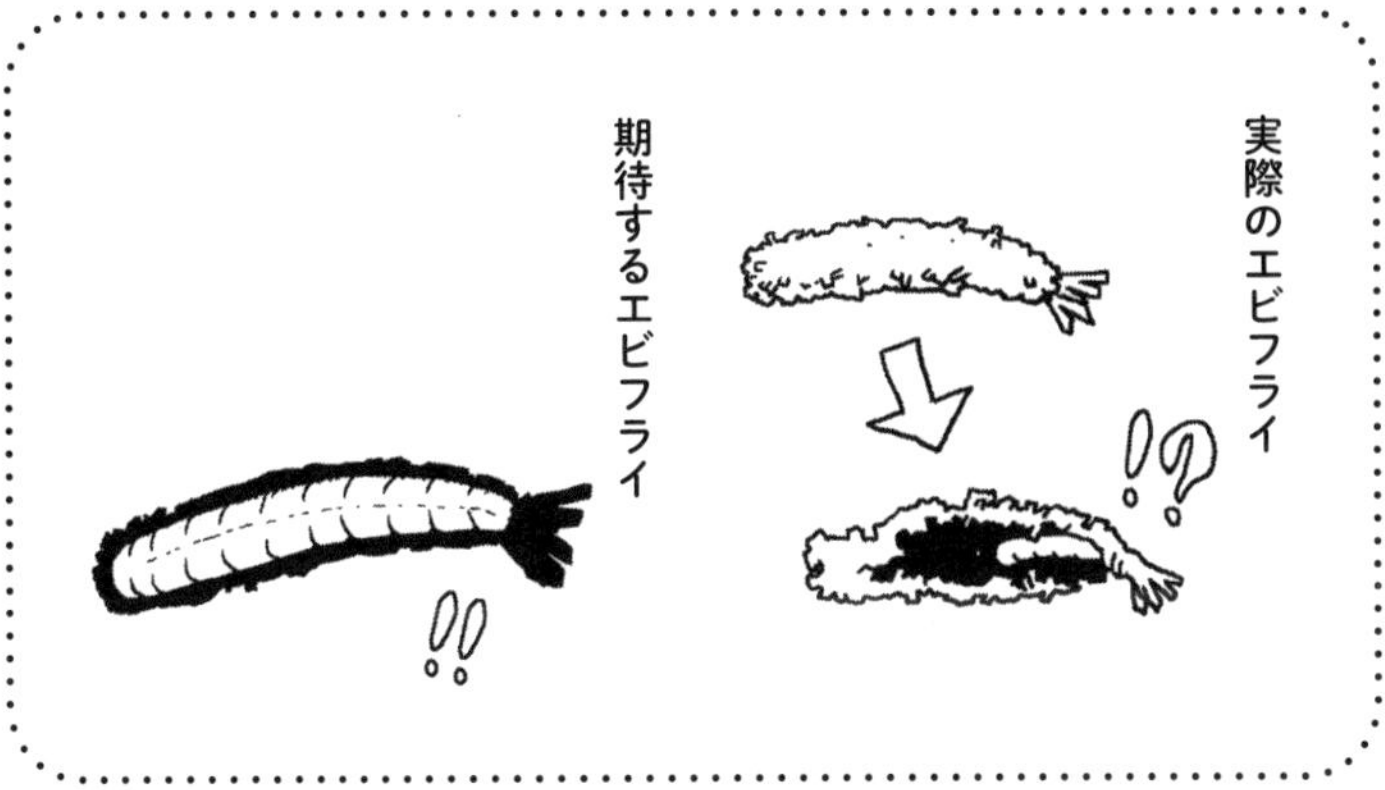

う？ 少し考えてみよう。
「大きいエビフライ」と「大きいエビのフライ」はとてもよく似た表現だけど、「大きい」が何とペアになっているのかが異なっているようだ。次のような図を描いて眺めてみた。

(1)

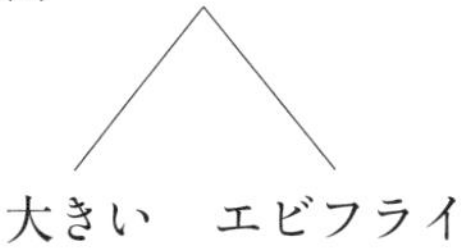

(2)

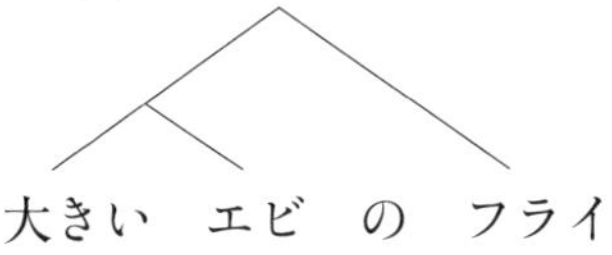

「大きい」と「エビフライ」を一つのペアにすると、(1)のような図になる。この図が「大きいエビフライ」の構造に違いない。「大きい」が「エビフライ」とペアなのだから、大きいのはエビフライになるわけだ。当然か。今度は、「大きい」と「エビ」を一つのペアにしてみた。つまり、(2)のように「大きい」と「エビ」を線でつないでみた。「大きい」が「エビ」とペアなのだから、大きいのはエビになるわけだ。「大きいエビ」はさらに、「の」を間において「フライ」と一体化し、「大きいエビのフライ」が完成する。(2)は「大きいエビのフライ」の構造というわけだ。そうか、《大きいエビフライ》と《大きいエビのフライ》は、それぞれ(1)と(2)のような別々の構造をもっているのか。そしてその構造の違いによって、期待されるエビの大きさも変わってしまうというわけか。

そうすると、肝心なのは、妻が今夜の夕食に《大きいエビフライ》と《大きいエビのフライ》のどちらをつくったのかということになる。そこで、私は、おそるおそる妻に尋ねてみた。「ねえ、今夜のおかずは《大きいエビフライ》？ それとも《大きいエビのフライ》？」妻は、意味わからんという表情でこう答えた。「《大きいエビフライ》だけど、それが、何？」そ、そうだよね、それであれば、フライの中にあるエビの大きさ、いや「エビの小ささ」に文句を言っちゃいけないよね。納得した私は、サクッとフライを食べた。

それとなく小噺⑦　誰が引っ越しするの？

引っ越しするのは大変だ。だいたいのことは引っ越し業者さんがやってくれるが、こまごまとした作業が実は意外と多くある。とても一人では処理しきれない。

以前、友達が引っ越しするのを手伝ってあげた。そのお返しというわけではないが、今回、友達が引っ越しするのを手伝ってくれた。本当に助かった。友達には感謝している。

段ボールから荷物を取り出しながら、ふと思った。あれっ？　さっきの2つの文って、かなり似ているよな。

⑴　友達が引っ越しするのを手伝ってあげた。

⑵　友達が引っ越しするのを手伝ってくれた。

⑴と⑵で違っているのは「あげ」と「くれ」だけだ。でも、⑴の「引っ越し」は「友達の引っ越し」で、⑵の「引っ越し」は「私の引っ越し」だ。《「あげ」と「くれ」の違い》だけで、どうして《誰が引っ越しするのか》まで異なってしまうのだろうか？気になる。弱ったぞ。これじゃあ片づけがちっともはかどらないなぁ。

27 キャベツの入ったコロッケパン

子どもが「お腹すいた」と言ってきたので、写真①のようなおやつをつくってあげた。つくり方はとても簡単だ。コッペパンに切れ目を入れて、そこにコロッケと千切りキャベツを入れるだけだ。栄養とボリューム満点のおやつで、子どもも大喜びだ。子どもが「これは《キャベツの入ったコロッケパン》だね」と名前を付けてくれた。

「キャベツの入ったコロッケパン」かぁ。なかなかいいネーミングだな。パンとコロッケとキャベツがまだ少し残っているのを見て、私はちょっとした「いたずら」を思いつき、写真②のようなパンをつくってみた。

お腹が満たされ、くつろいでいた子どもに「ねえ、こういうのもつくってみたのだけど、食べる?」と尋ねた。子どもは「何これ? 普通のコロッケパンじゃないの?」と答えた。私が「そう思うでしょう? 実はこれも《キャベツの入ったコロッケパン》なの」と言うと、子どもは不思議そうにパンを見つめた。そこで、私が、パンの中に入っているコロッケを取り出し、半分に割って子どもに見せると、「おおぅ、そっかぁ!」と言った。

写真③からわかるように、キャベツはパンにはさまっているのではなく、コロッケの中に入っていたのだ。

写真①

写真②

写真③

子どもが自分の部屋に戻っていった後も、私は《キャベツの入ったコロッケパン》のことを考え続けた。《キャベツの入ったコロッケパン》というネーミングは、写真①の場合にも写真②の場合にも使うことができる。これはいったいどういうことなのだろうか。写真を見ながらネーミングのことを考えていたら、次のような図が浮かんできた。

(1)

(2)

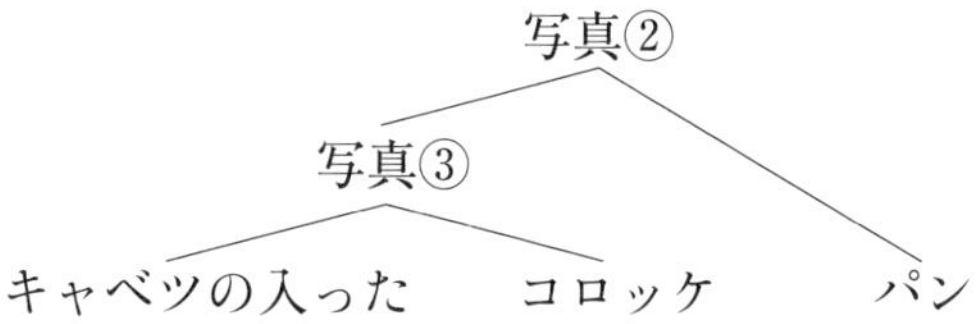

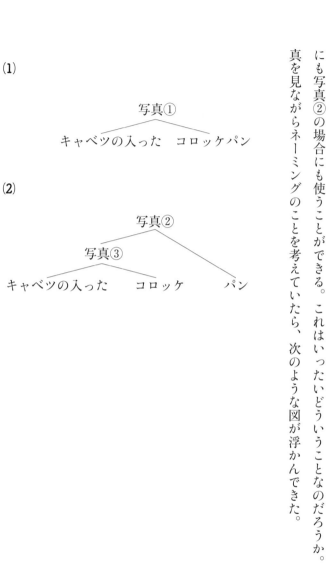

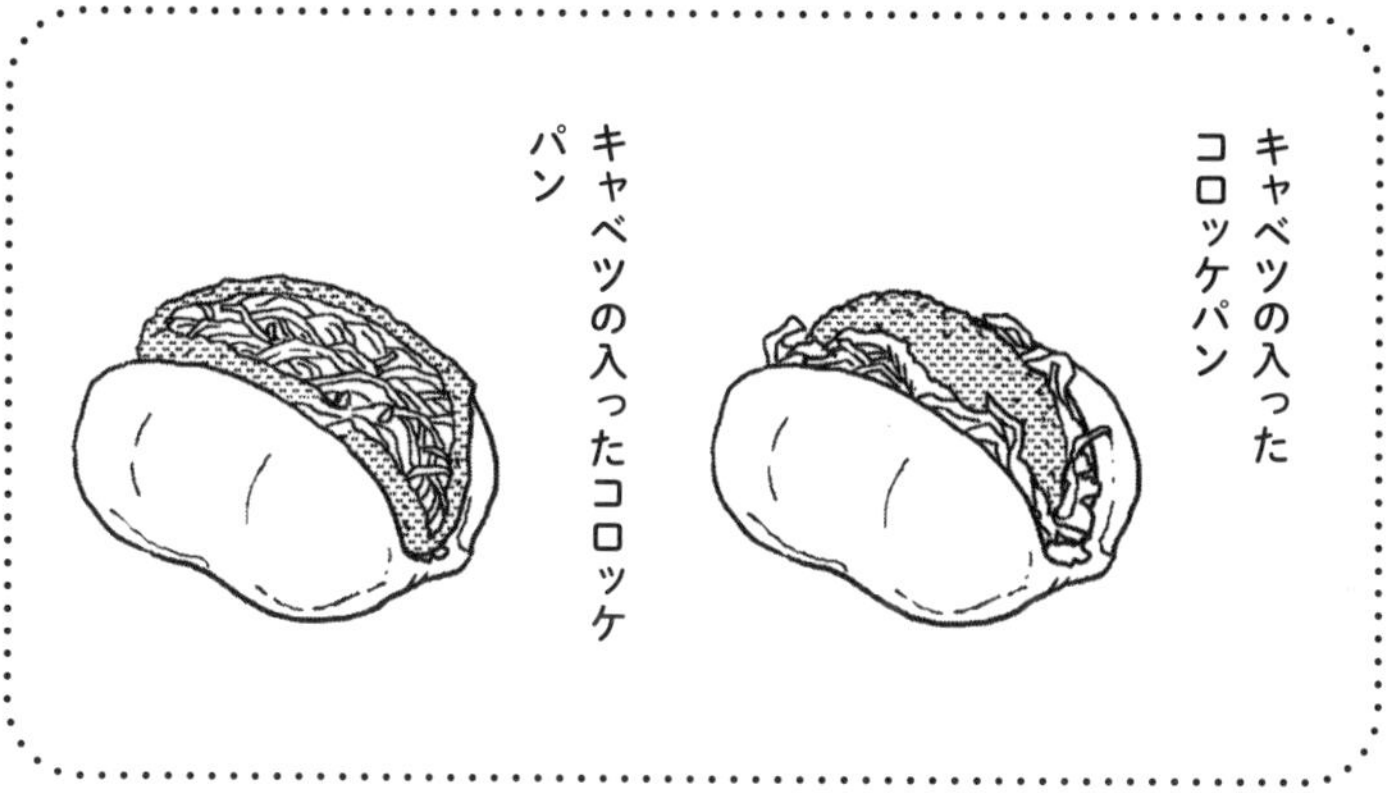

(1)は、写真①の状態、すなわち《キャベツがコロッケパンの中に入っている状態》が表されている。一方(2)は、まず写真③の状態、《キャベツがコロッケの中に入っている状態》が表されて、続いて《キャベツの入ったコロッケがパンの中に入っている状態》、つまり写真②の状態が表されている。なるほど、「キャベツの入ったコロッケパン」というネーミングは、キャベツがコロッケパンに入っているか、それともコロッケに入っているかによって二通りの図を描くことができるのか。

そう納得したら、私もお腹がすいてきた。私は子どもが食べなかったほうの「キャベツの入ったコロッケパン」をほおばった。

28 カブトムシいる？

森のような公園で、虫取りをして遊ぶ子どもたちを見かけました。大きな木を眺めていた子どもBにむかって、子どもAが話しかけてきました。

(1) **子どもA　その木に、カブトムシいる？**
子どもB　いない。

その後、子どもBは、休むことなく木を何本も見て回りました。しかし、残念ながらカブトムシを一匹も見つけることができませんでした。いつまでも虫かごが空の状態の子どもBにむかって、カブトムシをたくさん捕まえた、得意顔の子どもCが話しかけてきました。

(2) **子どもC　ねぇ、カブトムシいる？**
子どもB　いらない。

どうやら、子どもBは人の手を借りず、なんとか自分の手でカブトムシを捕まえたいようでした。「がんばって！」私は心の中で応援しました。

子どもたちの様子を微笑ましく眺めながら、ふと、さきほどの会話が気になりました。子どもAと子どもCはどちらも「カブトムシいる？」と子どもBに尋ねていました。子どもBは、子どもAに対しては「いない」と答えましたが、子どもCに対しては「いらない」と答えました。同じ「いる？」という問いかけに対して「いない」と「いらない」の二通りの答え方をしていたことが、私にはとてもおもしろく感じました。

実は、「いる」には成り立ちの異なる二種類の「いる」があるのです。その二種類の「いる」を区別するために漢字で表すと、「居る」と「要る」になります。この「居る」と「要る」の違いが、子どもBの答え方の違い、すなわち「居ない」と「要らない」の違いになるのです。

では、「成り立ちの異なる二種類の「いる」」とはどういうことなのか説明していきましょう。「居る」と「要る」は、それぞれ(3)と(4)のような成り立ちをしています。

(3) i（語幹）+ ru（現在形）→ iru「居る」

(4) ir（語幹）+ ru（現在形）→ ir + ru → iru「要る」

(3)は「居る」の成り立ちを表しています。「居る」は、「居る」の意味を表す部分（＝語幹）の i に現在形の ru が合わさってできています。一方、(4)は「要る」の成り立ちを表しています。ここで注意が必要なのは、「要る」の語幹は i ではなく ir だということです。語幹の ir に現在形の ru が合わさると irru となりますが、日本語では子音＋子音の連続が許されないため ru の r が削除されることになります。その結果、iru（要る）になります。この「要る」ですが、発音上は「居る」の iru とまったく同じです。
「居る」と「要る」の成り立ちがわかったところで、それぞれの否定形である「居ない」

と「要らない」の成り立ちを見ていくことにしましょう。一般的に、動詞を否定するときには、語幹に否定を表すanaiをつけます。

(5)　i（語幹）＋anai（否定）→ i＋anai → inai「居ない」

(6)　ir（語幹）＋anai（否定）→ iranai「要らない」

(5)は「居ない」の成り立ちを表しています。まず、語幹のiに否定を表すanaiをつけます。否定のanaiには、「直前に母音がくる場合にはanaiの最初のaを削除しなければならない」という規則があります。このため、i+anaiはi+naiとなり、inaiすなわち「居ない」となるのです。一方、(6)は「要らない」の成り立ちを表しています。語幹のirに否定を表すanaiをつけると、iranaiすなわち「要らない」となります。

子どもBは虫取りに夢中になりながらも、相手の質問をよく聞いてその質問の意味に合う語幹（iかirか）を正しく選びました。だから、相手の質問に応じた適切な否定形をつくって答えることができたのです。

29 「みんな」と「みなさん」

「みんな」と「みなさん」はとてもよく似たことばですが、その違い、わかりますか？
たとえば、(1)と(2)はどのように違うのでしょうか？

(1) みんなで掃除をしましょう。

(2) みなさんで掃除をしましょう。

普段は(1)も(2)も同じように使うので、違いがよくわかりませんよね。強いていうなら、「みんな」より「みなさん」の方が少し丁寧な感じがする、くらいでしょうか？ それもあるかもしれませんが、実は「みんな」と「みなさん」には、ほとんどの人が気づいていない重要な違いがあるのです。

(1)と(2)の例をもう一度見てください。(1)では発言した人も掃除に加わる感じがしますよね。つまり、話し手と聞き手が一緒になって掃除をする感じです。一方、(2)では発言した人

みんなで掃除をしましょう。
みなさんで掃除をしましょう。

は掃除に加わらない感じがしますよね。つまり、掃除をするのは聞き手だけで、話し手は掃除をしないという感じです。このことから、(1)の「みんな」には話し手が含まれますが、(2)の「みなさん」には話し手が含まれないということがわかります。「みんな」と「みなさん」の違いを整理すると、(3)のようになります。

(3) 「みんな」は話し手を含むことができるが、
「みなさん」は話し手を含むことができない。

「みんな」と「みなさん」はとてもよく似たことばですが、(3)のような重要な違いがあるということです。

似たようなことばで重要な違いがあるケースはほかにもあります。たとえば、「私たち」と「私ども」はとてもよく似たことばで、普段は区別せずに使っていますが、実はこれらにも重要な違いがあります。(4)と(5)の例を比べてみて下さい。

(4) 私たちで片付けましょう。

(5) 私どもで片付けましょう。

(4)ではこの発言を聞いた人も片付けに加わる感じがしますよね。つまり、話し手と聞き手が一緒になって片付けをする感じです。一方、(5)ではこの発言を聞いた人は片付けに加わらない感じがしますよね。つまり、片付けをするのは話し手だけで、聞き手は片付けをしないという感じです。このことから、(4)の「私たち」には聞き手が含まれますが、(5)の「私ども」には聞き手が含まれないということがわかります。「私たち」と「私ども」の違いを整理すると、(6)のようになります。

(6) 「私たち」は聞き手を含むことができるが、「私ども」は聞き手を含むことができない。

「私たち」と「私ども」はとてもよく似たことばですが、(6)のような重要な違いがあるということです。

(3)でまとめたことと(6)でまとめたことを一つの表に整理すると、とてもおもしろいことに気がつきます。(7)の表を見てください。

(7)

	みんな	**みなさん**	**私たち**	**私ども**
聞き手	含む	含む	含む	含まない
話し手	含む	含まない	含む	含む

(7)では、聞き手に加えて話し手も含む場合「みんな」が使われ、聞き手だけで話し手を含まない場合「みなさん」が使われることが示されています。また、話し手に加えて聞き手も含む場合「私たち」が使われ、話し手だけで聞き手を含まない場合「私ども」が使われることも示されています。「私たち」と「みんな」にはどちらも《話し手と聞き手の両方が含まれる》ので、「私たち」と「みんな」を含む「私たちみんなで片付けましょう」という文は自然です。しかし、「私ども」には聞き手が含まれず「みなさん」には話し手が含まれないので、「×私どもみなさんで片付けましょう」という文は不自然になります。

30 「寒っ」の「っ」の謎

みなさんは、冷房の効きすぎた部屋に入って、思わず(1)のように言ってしまった経験はありませんか?

(1) 寒っ

(1)の「寒っ」はもちろん「寒い」の意味です。このような表現には「うまっ(うまい)」や「痛っ(痛い)」など非常にたくさんの例があります。

「寒っ」の「っ」ですが、いったい何だと思いますか? みなさんの中には、「寒っ」の「っ」は「寒い」の「い」の代わりで、(2)のような段階を経て用いられるようになったと考えている人もいるでしょう。

(2) a. 寒い

b. 寒|　（「い」の省略）

c. 寒っ|　（「っ」の挿入）

(2)は、まず(2a)の「い」が省略されて、(2b)の傍線部のような空きスペースができ、その空きスペースに「っ」が挿入されて(2c)の「寒っ」ができたという考え方を示しています。なるほど、一見するとよい考え方にみえます。しかし、真実はまったくそうではないのです。答えを先取りしていってしまうと、「っ」は《単独の子音》を表しているのです。それはどういうことか、これから詳しく説明していきます。

まずは、「っ」がどのような場合に現れるかを見てみましょう。

(3) ik《いっ》-ta《た》（itta）（行った）

(3)の動詞「行った」は、語幹のikに過去を表すtaが組み合わさってできています。なお、学校で習うローマ字の書き方では、「っ」はtを重ねてttのように表すのが慣例ですが、ここではik-taのようにkをtに替えずに説明を続けていきます。さて、ik-taにおいて、母音のｉには平仮名の「い」を、そして子音＋母音のtaには「た」を当てることができます。しかし、kのような《単独の子音》には「普通の平仮名」を当てることができません。そこで、kには特殊拍の一つである「っ」を当てることになります。

以上を踏まえて、(1)の「寒っ」を考えてみましょう。(4)を見てください。

(4) samuk《語幹》-atta《過去》（寒かった）

(5) samuk《さむっ》（寒っ）

(4)は「寒かった」をローマ字で表したものです。「寒かった」という形容詞は、語幹のsamukと過去を表すattaが合わさってできています。samuk-attaから過去を表すattaを削除すると、語幹のsamukだけが残ります。これがまさに(5)の「寒っ」なのです。つまり、「寒っ」ということばは、《語幹だけを叫んだもの》にほかならないのです。(5)のsamukですが、saとmuにそれぞれ平仮名の「さ」と「む」を当てることができます。しかし、kのような《単独の子音》には「普通の平仮名」を当てることができません。そこで、kには

特殊拍の「っ」を当てることになります。この方法は、(3)のikのkに「っ」を当てたのとまったく同じ方法です。つまり、「寒っ」の「っ」は《単独の子音》を表しているのであって、(2)で示したような「い」の代わりとして用いられているわけではないのです。

同じ説明が「うまっ（うまい）」や「痛っ（痛い）」にもあてはまります。

(6) umak《語幹》-atta《過去》（うまかった）→ umak《うまっ》（うまっ）

(7) itak《語幹》-atta《過去》（痛かった）→ itak《いたっ》（痛っ）

どの形容詞の語幹もkで終わります。ですから、どの形容詞であっても「寒っ」のような「っ」で終わる表現がつくれるのです。

31 息子の写真

使っていたボールペンのインクがなくなった。新しいボールペンを取り出そうと机の中を探していたら、懐かしい写真が出てきた。息子たちが小さかった頃の写真だ。笑った顔や、いたずら好きそうな顔、そして、叱られて半べそをかいた顔がそこにはあった。三枚の息子の写真、三人の息子の写真。どれも懐かしい。しばらく昔のことを思い出していたら、ふと「三枚の息子の写真」と「三人の息子の写真」という表現が気になりだした。

(1) a. 三枚の息子の写真が机の奥から　　出てきた。
　　b. 　　息子の写真が机の奥から三枚出てきた。
(2) a. 三人の息子の写真が机の奥から　　出てきた。
　　b. 　　×息子の写真が机の奥から三人出てきた。

(1a)は(1b)のようにも言えるが、(2a)は(2b)のように言い替えると非文法的になってしまう。(1)と

(2)の違いは「枚」と「人」だけなのに、どうして(1b)と(2b)のような文法性の違いが出るのだろう。

実は「三枚の息子の写真」と「三人の息子の写真」では構造が違うのだ。その違いが文法性の違いとして現れるのである。(3)と(4)を見てみよう。

(3)

(4)

「三枚の息子の写真」は、(3)のように、まず「息子の」と「写真」が組み合わさって「息子の写真」ができ、それから「三枚の」が「息子の写真」と組

み合わさってできたものである。一方、「三人の息子の写真」は、⑷のように、まず「三人の」と「息子の」が組み合わさって「三人の息子の」ができ、それから「三人の息子の」が「写真」と組み合わさってできたものである。このように、「三枚の息子の写真」と「三人の息子の写真」では構造が違うのである。

一般的に、次の⑸と⑹のような構造で、①と②と③がすべて名詞の場合、《⑸の①は動かせるが、⑹の①は動かせない》というルールがある。

⑸

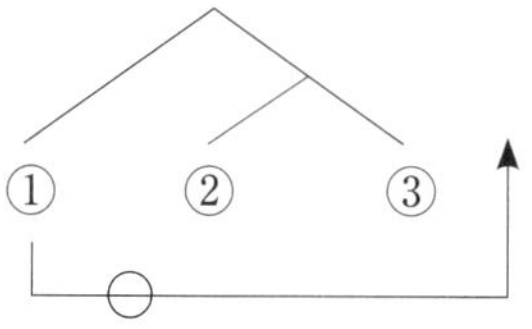

⑹

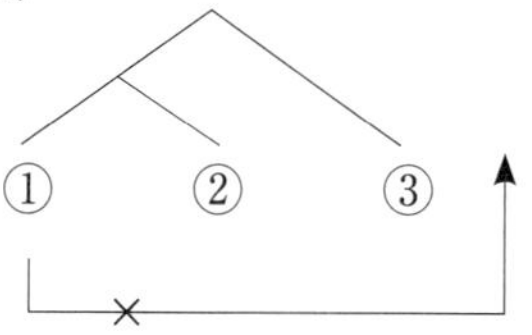

(3)の「三枚の」は(5)の①にあるので動かすことができるが、(4)の「三人の」は(6)の①にあるので動かすことができない。このような理由で、(1b)は文法的であるが、(2b)は非文法的になるのである。

先程のルールを利用すると、(7a)と(7b)の文の意味の違いも説明できる。

(7) a. 三人の息子の友達が部屋にいた。 (✓友達が三人、✓息子が三人)

b. 息子の友達が三人部屋にいた。 (✓友達が三人、×息子が三人)

(7a)は「(息子の)友達が三人」の意味にも「息子が三人」の意味にもとれるが、(7b)では「友達が三人」の意味にはとれるが、「息子が三人」の意味にはとれない。この意味の違いも、構造の違いと先程のルールから説明できる。(7a)は、(8)と(9)の二通りの構造が想定できる曖昧文である。

(8)

(9)

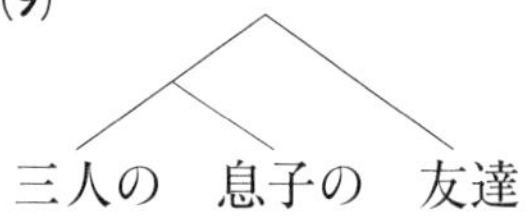

(7a)の「三人の息子の友達」が(8)の構造をしていれば「(息子の)友達が三人」の意味になり、(9)の構造をしていれば「息子が三人」の意味になる。(8)の「三人の」は(5)の①にあたるので動かすことができるが、(9)の「三人の」は(6)の①にあたるので動かすことができない。このことから、(7b)の「三人」は(8)の「三人の」が移動したものであって、(9)の「三人の」が移動したものではないことになる。このような理由で、(7b)は「友達が三人」の意味にはとれるが、「息子が三人」の意味にはとれないのである。

それとなく小噺⑧　けが人は確認されていない

新聞記者　：今日の事故で、けが人は確認されていないのですね？
現場責任者：はい、その通りです。

このやり取りだけを聞いて、妻は「けが人がいなくてよかったわね」と言った。妻のことばを聞いて私は、「そうとは限らないよ」と心の中で思った。「けが人は確認されていない」という文は、実は2通りの解釈ができる。

解釈①：けが人がいないことを確認した。
解釈②：けが人がいるかを確認していない。

解釈①を採れば、けが人がいないことになるが、解釈②を採れば、けが人がいるかは確認していないので、けが人がいる可能性は否定できない。現場責任者のこの後の発言を聞かないことには、解釈①と解釈②のどちらが正しいかは決められないのである。

32 食べたそうだ

「甘いものは別腹《べつばら》」などとよくいわれる。妻は、私の帰宅前にすでに夕飯を食べたそうだが、まだ何か甘いものを食べたそうだ。食欲旺盛な妻を横目に見ながら、私はなぜか「食べたそうだ」ということばが気になった。「先にひとっ風呂浴びてくるね」そう言って私は浴室に向かった。

湯船につかりながら、私はさきほどのことを思い出していた。たしか、次のようなことばを心の中でつぶやいていたな。

> **私の帰宅前にすでに夕飯を⑴食べたそうだが、まだ何か甘いものを⑵食べたそうだ。**

⑴と⑵の「食べたそうだ」はまったく同じ形をしているが、意味が異なっている。⑴の「食べたそうだ」は、妻から「夕飯をすでに食べました」と言われたのを聞いてから心の中

夕飯を
食べたそうだ。
甘いものを
食べたそうだ。

でつぶやいたものだ。つまり⑴は《伝聞》の意味をもつ。一方、⑵の「食べたそうだ」は、妻の様子を見て私が判断して心の中でつぶやいたものだ。つまり⑵は《推測》の意味をもつ。ようするに、⑴と⑵の「食べたそうだ」はまったく同じ形をしているのに、⑴は伝聞を表し、⑵は推測を表しているということだ。

湯船から出て体を洗いながら、さきほどの心の中のつぶやきを実際に声に出して言ってみた。あれっ？　イントネーションが違うぞ。背中を洗う手を止めて、もう一度⑴と⑵を発音してみた。

(1′)　食べたそうだ

(2′)　食べたそうだ

⑴は⑴′のように「食」の部分が比較的高くて、「べたそうだ」がより低く発音されている。一方、⑵は⑵′のように「食」の部分が比較的低くて、「べたそうだ」がより高く発音されている。そうか、⑴と⑵の「食べたそうだ」はまったく同じ形をしているけれど、イントネーションが違うから会話で誤解されることがないんだ。

体を洗い終わり、頭を洗い始めた。頭がすっきりしてくると、今度は⑴と⑵の意味の違いがどこからくるのかが気になり始めた。風呂から上がるとすぐに書斎に行き、⑴と⑵を紙に書いてみた。

(1″) 食べ―た―そうだ　（た…過去）　《伝聞》

(2″) 食べ―た―そうだ　（た…願望の「たい」）　《推測》

伝聞の意味をもつ⑴も推測の意味をもつ⑵も、(1″)と(2″)のように、どちらも「食べ」と「た」と「そうだ」に分けられる。困った。違いがなさそうだ。(1″)の「た」は過去を表していて、(2″)の「た」も過去を表してい…ないかぁ！ (2″)の「た」は過去ではなくて、願望を表す「たい」の「た」だ。なるほど、そこに、(1″)と(2″)の違いがあったのか。大発見だ。(1″)

と(2″)のようなペアって、ほかにもあるだろうか。調べてみよう。

(3) a. 彼女は話題の映画を見たそうだ。　（た…過去）　《伝聞》
b. 彼女は話題の映画を見たそうだ。　（た…願望の「たい」）　《推測》
(4) a. 彼女はその質問に答えたそうだ。　（た…過去）　《伝聞》
b. 彼女はその質問に答えたそうだ。　（た…願望の「たい」）　《推測》

(3a)と(3b)のペアは形の上では同じだが、伝聞と推測の二つの意味をもつ。伝聞の場合の「た」は過去の「た」で、推測の場合の「た」は願望の「たい」だ。これとまったく同じことが(4a)と(4b)のペアにもいえる。

「夕飯ができたよ」妻の声が聞こえた。テーブルにつき、ご飯を食べていると、次男が「ねえ、パパ一緒に寝ようよ」と言ってきた。九歳の長男はすでに一人で寝たそうだが、三歳の次男はまだ私と一緒に寝たそうだ。「いいよ」夕飯を食べ残したまま子ども部屋に向かった。次男に絵本を読んでいてふと思った。長男の「寝たそうだ」は伝聞で、次男の「寝たそうだ」は推測だと。それに気づいたとき、次男はいつの間にか眠っていた。

33 「ならない」か「なくなる」か

みなさんはこんなことありませんか？　友達から旅行に行こうと何度も誘われたのに、⑴のように思ってしまうこと。

⑴　ちっとも行きたくならない。
⑵×ちっとも行きたくなくなる。

⑴のようなことはあるかもしれませんね。でも、⑵のようなことはありませんよね。では、つぎのようなことはありませんか？　旅行に行くのをとても楽しみにしていたのに、⑷のように思ってしまうこと。

⑶×急に行きたくならない。
⑷　急に行きたくなくなる。

(4)のようなことはあるかもしれませんね。でも、(3)のようなことはありませんよね。(1)から(4)をよく見てみると、どれも「行きたく」と「なる」と「ない」が含まれていますね。ただ、(1)と(2)そして(3)と(4)ではそれぞれ「なる」と「ない」の語順が異なっています。(1)から(4)を整理すると(5)のような表になります。

(5)

語順	ちっとも	急に
「なる」-「ない」	行きたくならない(=(1))	×行きたくならない(=(3))
「ない」-「なる」	×行きたくなくなる(=(2))	行きたくなくなる(=(4))

「行きたくならない」は「ちっとも」とともに用いられると文法的ですが、「急に」とともに用いられると非文法的になります。一方、「行きたくなくなる」は「急に」とともに用いられると文法的ですが、「ちっとも」とともに用いられると非文法的になります。これはどうしてでしょうか？

実は、(2)と(3)は《鍵のかかった部屋には入れない》という規則に違反したため非文法的になっているのです。それはどういうことか、これから説明していきます。まず、「ちっとも」は「**ちっとも**寒く**ない**」のように「ない」とはペアになれますが、「×**ちっとも**寒く**なる**」のように「なる」とはペアになれません。また、「急に」は「**急に**寒く**なる**」のように「なる」とはペアになれますが、「×**急に**寒く**ない**」のように「ない」とはペアになれません。何と何がペアを組めるかをよく覚えておいてください。

つぎに、「行きたくならない」の構造を考えてみましょう。

(6)　[行きたくなら] ない

(7) a.　ちっとも　[行きたくなら]　ない（ちっとも → ない：○）

b.　急に　[行きたくなら]　ない（急に → 行きたくなら：×）

(6)は、まず「行きたく」と「なる」が合わさり「行きたくなる」というまとまりができて、そのまとまりと「ない」が合わさり「行きたくならない」ができることが表されています。ここで「行きたくなる」のまとまりを《鍵のかかった部屋》と考えてみましょう。「ちっとも」が「ない」とペアを組む際には(7a)のように《部屋》に入る必要はありません。しかし、

急に
行きたくなくなる
ちっとも
行きたくならない

「急に」が「なる」とペアを組む際には(7b)のように《部屋》に入らなければなりません。日本語には《鍵のかかった部屋には入れない》という規則があります。(7b)はその規則に違反しているので非文法的になっているのです。

今度は「行きたくなくなる」の構造を考えてみます。(8)を見てください。

(8) [行きたくなく] なる

(9) a. **急に** [行きたくなく] **なる** ○

b. **ちっとも** [行きたくなく] なる ×

(8)は、まず「行きたく」と「ない」が合わさり「行きたくない」というまとまりができて、そのまとまりと「なる」が合わさり「行きたくなくなる」ができることが表されています。(8)では「行きたくなく」というまとまりが《鍵のかかった部屋》にあたります。「急に」が「なる」とペアを組む際には(9a)のように《部屋》に入る必要はありません。しかし、「ちっとも」が「ない」とペアを組む際には(9b)のように《部屋》に入らなければなりません。このため、「急に行きたくなくなる」は文法的なのに対して、「×ちっとも行きたくなくなる」は非文法的なのです。

それとなく小噺⑨　飲むだろう　飲んだろう

「ビールを飲む」と「ビールを飲んだ」という2つの文では、前者が「これから」のことを述べた文で、後者が「これまで」のことを述べた文だとすぐにわかる。これは、「飲む」の「む」が現在形を表していて（現在形は未来のことも表せる）、「飲んだ」の「だ」が過去形を表しているからである。

「ビールを飲むだろう」と「ビールを飲んだろう」という2つの文でも、前者が「これから」のことを述べた文で、後者が「これまで」のことを述べた文だとすぐにわかる。しかし、どうしてそのようにわかるのだろうか？

これら2つの文で異なっているのは「む」と「ん」だけだ。「む」が現在形を表しているのはいいとしても、「ん」が過去形を表しているなんて聞いたことがない。「飲むだろう」が未来を表し、「飲んだろう」が過去を表すという違いの背後には、どのような仕組みが隠れているのだろうか。

34 誰の手料理？

みなさんは、手料理は好きですか？ これから手料理についての文を見ていただこうかと思います。(1)と(2)をくらべてみてください。

(1) 彼が手料理が好きだというから、作ってあげた。
(2) 彼が手料理が好きだというから、作ってもらった。

(1)を読むと、文中の「手料理」がこの文を言った「私」が作ったものだとわかると思います。一方、(2)を読むと、文中の「手料理」は「私」が作ったものではなく「彼」が作ったものだとわかると思います。つまり、(1)と(2)を読めば、みなさんはすぐに誰が作った手料理かがわかると思います。

でも、ちょっと待ってください。(1)と(2)の文中には誰の手料理かが直接的には書かれていません。でも、みなさんはどうしてすぐに誰の手料理かがわかったのですか？ その理

彼が
手料理が好きだ
というから、
作ってあげた。
彼が
手料理が好きだ
というから、
作ってもらった。

由は一見すると簡単に説明できそうですが、実はそれほど簡単ではありません。実は、(1)や(2)を読んで誰の手料理かがわかるまでには、少し複雑なプロセスを踏まなければならないのです。それはどのようなプロセスか、これから説明していきましょう。

(1)と(2)の読点より前の部分を「前の文」、読点より後ろの部分を「後ろの文」とそれぞれよぶことにしましょう。(1)と(2)の後ろの文は省略文で、「私は彼に手料理を」が省略されています。私たちの頭の中では、その省略された部分が無意識に復元されて、(1)を(1′)のように、そして(2)を(2′)のように解釈しているのです。

(1′)　彼が手料理が好きだというから、私は彼に手料理を作ってあげた。

(2′)　彼が手料理が好きだというから、私は彼に手料理

理を作ってもらった。

まず、(1′)の後ろの文を見てみましょう。一般的に「あげた」は自分から相手にモノが移動したときに使います。ここでは、「私」から「彼」に「手料理」が移動したことが表されています。その「手料理」は「私」から移動したのですから、「私」が作った「手料理」ということになります。後ろの文の「手料理」と前の文の「手料理」は同じものを指していると考えるのが自然なので、(1′)の前の文にある「手料理」も「私の手料理」ということになります。

つぎに、(2′)の後ろの文を見てみましょう。一般的に「もらった」は相手から自分にモノが移動したときに使います。ここでは、「彼」から「私」に「手料理」が移動したことが表されています。その「手料理」は「彼」から移動したのですから、「彼の手料理」ということになります。(1′)と同様に(2′)でも、後ろの文の「手料理」と前の文の「手料理」が同じものを指すと考えると、(2′)の前の文にある「手料理」も「彼の手料理」ということになります。冒頭の(1)や(2)を読んで誰の手料理かがわかるには、このような複雑なプロセスを経なければならなかったのです。

ではここで、(1)と(2)の「手料理」を「料理」に替えてみてください。

(3)×彼が料理が好きだというから、作ってあげた。
(4)　彼が料理が好きだというから、作ってもらった。

(3)は不自然で意味がよくわかりませんが、(4)は自然で意味がよくわかります。(3)と(4)の前の文にある「彼が料理が好きだ」は、「彼は自分で料理を作るのが好きだ」という意味です。それなのに(3)では後ろの文で「(私が彼に料理を)作ってあげた」と続けているので、つながりが悪く不自然になってしまうのです。これに対して、(4)では後ろの文で「(私は彼に料理を)作ってもらった」と続けているので、自然な文となっています。

最後に、(1)と(2)の「手料理」を「愛妻弁当」に替えてみてください。

(5)　彼が愛妻弁当が好きだというから、作ってあげた。
(6)×彼が愛妻弁当が好きだというから、作ってもらった。

(5)は自然で意味がよくわかりますが、(6)は不自然で何のことだか意味がわかりません。「愛妻弁当」というのは、一般的に「彼」が作るものではなく妻、すなわち「私」が作るものです。ですから、(5)のように「(私が彼に愛妻弁当を)作ってあげた」なら自然ですが、(6)のように「(私が彼に愛妻弁当を)作ってもらった」というのは不自然になります。

それとなく小噺⑩　禁酒か節酒か

血液検査の肝機能の数値が思わしくない。医者からお酒を控えるように指導された。私は普段ビールを飲んでいるので、⑴と⑵のような目標を立ててみた。

⑴　ビール１本飲まない。
⑵　ビールを１本飲まない。

最初⑴と⑵はほとんど同じ意味だと思ったが、少し眺めていると意味が違うことに気がついた。⑴は、「ビールをまったく飲まないこと」、すなわち《禁酒》を意味しているのに対し、⑵は、妻とビールを半分ずつ飲むなどして、「ビールを１本すべては飲まないこと」、すなわち《節酒》を意味している。⑴と⑵は「を」があるかないかの違いだけだが、それだけでなぜ禁酒と節酒のような意味の違いが出るのだろうか。私はビールを飲みながら少し考えてみることにした。

35 私の夢

昨夜久しぶりに、授業を受けている夢を見た。高校の制服を着た私が、「はい！」なんて手をあげたりして。夢の中では真面目そうな私。でも実際の高校時代は、授業を受けていて夢を見るような不真面目な私。

(1) 授業を受けている夢を見た。

(2) 授業を受けていて夢を見た。

(1)と(2)、たった一文字の違いだけで、私の真面目さが正反対に映る。おもしろい。(1)の「授業を受けている」は、私の夢の中身を表している。でも、(2)からは私の夢の中身はわからない。友達とランチに行った夢なのか、それともテストで悪い点を取った夢なのかはわからない。わかるのは、夢を見た時間が授業中だってことだけ。

授業中に見ていた夢、それは私がステージで大勢の人を前に歌っている夢。高校に通い

授業を受けている
夢を見た。
授業を受けていて
夢を見た。

ながらレッスンをずっと受けてきた。卒業して、しばらくして、やっと歌手になる夢がかなった。そう、歌手になり夢がかなったの。

(3)　歌手になる夢がかなった。

(4)　歌手になり夢がかなった。

(3)と(4)も一文字しか違っていない。この点は(1)と(2)の場合と同じ。でも(1)と(2)と違うのは、二つの文の意味がほとんど変わらないってこと。どちらの文も私の夢が「歌手になること」だといっている。

(3)は私の夢の中身を直接的に表している。だから私の夢の中身が「歌手になる」ということは誰にでもすぐわかる。(4)は私の夢の中身を直接的には表していない。けれど、歌手になることで夢がかなったわけだから、私の夢が「歌手になること」だとすぐにわかる。だから、(3)と(4)のどちらの文を読んでも、「私が歌手になったこと」がすぐにわかる。(1)と(2)では一文字の違いで意味まで変わってしまったのに、(3)と(4)では一文字違っても意味がほとんど変わらない。(1)-(2)と(3)-(4)では、何が違うのだろう。

私は「夢」という漢字をノートに大きく書いて、ぼうっと眺めてみた。

夢

あっ、そうか。「夢」には、寝ている間に見る夢と、起きている間に見る夢、つまり「あこがれ」の二種類あるのか。(1)と(2)の「夢」は寝ている間に見る夢で、(3)と(4)の「夢」は起きている間に見る夢だ。きっと、その「夢」の意味の違いが、(1)-(2)と(3)-(4)の違いにも影響しているのだろう。

そういえば私は小さいころからよく歌手になる夢を見てきた。歌手になる夢を見ていた私が、いつの間にか歌手になるのを夢見るようになっていったような気がする。

(5) 歌手になる夢を見る

(6)　歌手になるのを夢見る

(5)と(6)はよく似た文だけど、「夢」の意味が違う。(5)の「夢」は寝ている間に見る夢で、(6)の「夢」は起きている間に見る夢だ。私は高校生になっても歌手になる夢を毎晩見た。そして、ついに歌手になる夢をかなえた。

(7)　歌手になる夢を毎晩見た。

(8)　歌手になる夢をかなえた。

(7)の「夢」は寝ている間に見る夢で、(8)の「夢」は起きている間に見る夢だ。(7)と(8)では「毎晩見た」と「かなえた」しか違っていない。おそらくその違いが「夢」の意味の違いを決定づけているのだろう。不思議だ。

不思議といえば、夢は朝目覚めるとすぐに忘れてしまうといわれているが、歌手になる夢だけは目覚めても忘れなかった。目覚めても覚えていた夢が、いつしか将来の夢へと移行していったのだろう。

⑼　目覚めても覚えていた夢が、将来の夢になった。

⑼に現れている二つの「夢」は、寝ている間に見た夢と起きている間に見る夢のように異なっているけれど、私の中では自然につながっている。

それとなく小噺⑪　何駅？

電車の中、男の子とお父さんが話をしている。

男の子「ここ、なにえき？」　お父さん「○○駅だよ」

男の子「あと、なんえき？」　お父さん「あと2駅だよ」

父と子の会話。ほのぼのとしていてよい感じだ。そのとき、ふと頭をよぎった。「なにえき」も「なんえき」も漢字で書くとどちらも同じ「何駅」になるな。

(1)　ここ、何駅？

(2)　あと、何駅？

(1)の「何駅」は「なにえき」とは読めるが「なんえき」とは読めない。逆に、(2)の「何駅」は「なんえき」とは読めるが「なにえき」とは読めない。どうして読み方が決まってしまうのだろうか？

著者

本田 謙介（ほんだ けんすけ）：原案・執筆
茨城工業高等専門学校 国際創造工学科 教授

田中 江扶（たなか こうすけ）：執筆
信州大学 学術研究院教育学系 准教授

畠山 雄二（はたけやま ゆうじ）：執筆
東京農工大学 工学部 准教授

3人の著作物に、『英文の基本構造』『時制と相』（朝倉書店）、
『日英比較構文研究』（開拓社）、『日本語の構造分析』（くろしお出版）、
『言語学で解明する 英語の疑問』（大修館書店）など。

イラスト

はやのん
理系漫画制作室株式会社 代表作家

なんとなく言語学

初版第1刷 —— 2025年 4月25日

著　者 ——— 本田謙介・田中江扶・畠山雄二
イラスト ——— はやのん

発行人 ——— 岡野 秀夫
発行所 ——— 株式会社 くろしお出版
〒102-0084 東京都千代田区二番町4-3
［電話］03-6261-2867 ［WEB］www.9640.jp

印刷・製本 シナノ書籍印刷　装丁 福田あやはな　本文デザイン 仁井谷伴子

 Printed in Japan　ISBN978-4-87424-994-9 C0081